Georg Längin

Die biblischen Vorstellungen vom Teufel und ihr religiöser Wert

Ein Beitrag zu der Frage: Gibt es einen Teufel? Ist der Teufel ein Gegenstand des

christlichen Glaubens?

Georg Längin

Die biblischen Vorstellungen vom Teufel und ihr religiöser Wert
Ein Beitrag zu der Frage: Gibt es einen Teufel? Ist der Teufel ein Gegenstand des christlichen Glaubens?

ISBN/EAN: 9783743340701

Hergestellt in Europa, USA, Kanada, Australien, Japan

Cover: Foto ©Lupo / pixelio.de

Manufactured and distributed by brebook publishing software (www.brebook.com)

Georg Längin

Die biblischen Vorstellungen vom Teufel und ihr religiöser Wert

Die biblischen Vorstellungen vom Teufel und ihr religiöser Werth.

Ein Beitrag zu der Frage:
Giebt es einen Teufel? Ist der Teufel ein Gegenstand des christlichen Glaubens?

Von

Georg Längin.

Leipzig
Verlag von Otto Wigand.
1890.

Vorwort.

Die vorliegende Schrift ist eine Ergänzung zu den beiden Werken des Verfassers über denselben Gegenstand: „Der Wunder- und Dämonenglaube der Gegenwart im Zusammenhang mit Religion und Christenthum" (Leipzig, Otto Wigand, 1887. 1 M. 50 Pf.) und „Religion und Hexenprozeß". Zum 400jährigen Jubiläum der Hexenbulle und des Hexenhammers (Leipzig 1888, in demselben Verlag. 6 M.). In gewissem Sinne sind die jetzigen Ausführungen für beide Werke und überhaupt für die Frage nach der Berechtigung der dämonologischen Vorstellungen grundlegend. Die Schrift will in einer objektiven Darlegung des geschichtlichen Entstehens und Werdens der biblischen Vorstellungen vom Teufel zeigen, wie wenig im Sinne der Bibel selbst diese Vorstellungen einen Bestandtheil des christlichen Glaubens bilden können. Eine eingehende Besprechung erforderte die Stellung Jesu zu den dämonologischen Vorstellungen und im Zusammenhang damit, auf besondern Wunsch einiger Gemeindeglieder, die Versuchungsgeschichte Jesu. In der Auswahl der Citate habe ich vorherrschend die mehr konservativen Forscher berücksichtigt, um zu zeigen, wie tief in jene Kreise hinein sich verständige Ansichten über diese Fragen geltend machen.

Ueber den Gegenstand selbst habe ich vor einiger Zeit vor einem gemischten Publikum einen Vortrag gehalten. Ich gebe in der Schrift, was dort nur angedeutet werden konnte, in zusammen=

hängender Darstellung und ausführlicher Behandlung, ohne dabei den Charakter des Vortrags ganz zu verwischen. Ich hoffe damit der christlichen Gemeinde, an die ich bei diesen Erörterungen in erster Linie dachte, einen Dienst zu erweisen; aber auch dem angehenden Theologen und dem praktischen Geistlichen, denen das Sichzurechtfinden in dieser schwierigen Materie und insbesondere ihre Verwerthung für die Gemeinde, wenn sie nicht blindlings einem bequemen aber rohen Realismus sich in die Arme werfen, nicht geringe Verlegenheiten bereitet, wird die Schrift manches Neue bieten. Vielleicht darf sie auch als ein Beitrag zur Geschichte der Bibelauslegung betrachtet werden.

Karlsruhe, Ende März 1890.

Gg. L.

Inhaltsverzeichniß.

Einleitung. — Der Kampf gegen Aberglauben in Schule und Kirche, Katechismen und Gesangbüchern. Göthes Faust und Schleiermachers Thesen. Umschwung seit 1850. Die Wiederherstellung des Teufels in den Agenden u. s. w. Berufung auf die Bibel. Widerspruch dieser Forderung mit der Bildung der Gegenwart. Ist sie berechtigt? . . . . . . S. 1—3.

a. Die Erinnerungen der vormosaischen Zeit 1. Mos. 1—12. Elohim- und Jehovaurkunde. — Die Ueberlieferung vom Paradies und Sündenfall. Ist die Schlange ein bloßes Symbol oder steckt hinter ihr eine überirdische Macht? Der Sinn der Erzählung. Die Schlange in den alten Schöpfungssagen. Das ganze Alte Testament weiß nichts von der Vorstellung, daß hinter der Schlange der Teufel stecke. Erste Spur einer solchen Auffassung. Uebergang in das Neue Testament. Die konservativen Theologen Riehm und Pressel über die Schlange im Paradies. Ernst Mühe. . S. 4—8.

Die Stelle von den Göttersöhnen und den Töchtern der Menschen 1. Mos. 6, 1—4. Was ist unter den Göttersöhnen zu verstehen? Ihr Auftreten in der Schrift. Ein Ausspruch von Dr. Herm. Schulz über den religiösen Werth solcher Gebilde. Der Sinn der Erzählung. Geschichte ihrer Auslegung. Erste Spur von einem Fall und Verstoßung der Engel um 150 v. Chr. im Buche Henoch. Schilderung der Engelverschwörung und ihre Strafe. Uebergang dieser Vorstellungen ins Neue Testament und in die christliche Kirche und kirchliche Dogmatik. . . . . . . S. 9—14.

b. Die mosaische Zeit. Das Werk Moses. Entwicklung des Monotheismus. Der Mosaismus weiß nichts von einem Teufel. Wer ist Azazel? Die Auslegung von 2. Mos. 22, 18. — Die prophetischen Schriften. Der Ernst ihrer Bußpredigt, ohne daß sie die Vorstellung von einem Satan andeuten. Gegensatz zum Denken der Gegenwart. Stellen, in die später die Satansidee hineingetragen wird: Jes. 13, 21 und 34, 14. Das Nachtgespenst Lilith. Begünstigung dieser Vorstellungen durch die griechische, lateinische und lutherische Uebersetzung. — Das Triumphlied über den Sturz Babels (Jes. 14, 11—15). Woher der Teufel den Namen Lucifer (Lichtbringer) erhielt? . . . . S. 14—20.

Erstes Auftreten des Satans im Buche Hiob. Als was der Satan hier erscheint. Was die spätern Ausleger aus Hiobs Satan gemacht haben. Der Satan beim Propheten Sacharja. Ein Urtheil von H. Schulze über den Satan im Hiob. Das Hervorwachsen der Satansidee aus der innerreligiösen Entwicklung der alttestamentlichen Religion. Die Vorstellung von Unglücks- und Strafengeln. Gott als Urheber des Bösen. Der Satan der Chronika und 2. Sam. 24. . . . . S. 20—30.

c. Gänzliche Umgestaltung der Engel- und Dämonenlehre in der Zeit von der Rückkehr aus Babel bis zu Christus. Wegführung der Juden nach Assyrien, Medien, Aegypten. Persische und griechische Einflüsse. Das Buch Daniel. Die Apokryphen. Das Buch Tobit. Der böse Geist Asmodi. Ueber das

Essen der Engel. Weisheit 2, 23. 24. Der Neid des Teufels. Der Luftflug des Propheten Habakuk. Kohut über den Einfluß des Parsismus auf die jüdische Engel- und Dämonenlehre. — **Das Buch Henoch**, seine Bedeutung. Die Folgen der Verschwörung der 200 Engel; ihre Kinder werden Dämonen und Riesen. Weiterführung der Idee des Satan, die Satane und seine Engel. Fortschritt in der Dämonenlehre. Die ungehorsamen Sterne. . . . . S. 31—40.

Erweiterung dieser Vorstellungen in den Schriften im 1. Jahrh. v. Chr. Die Himmelfahrt Mosis. Die Dämonenlehre der Rabbinen. Wann wurden die Engel erschaffen? Die Engel als gelehrte Rabbinen. Der Neid der Engel auf Adam. Beelzebul. Buhlteufel und Buhlteufelinnen. Näheres über Lilith und Asmodi. — Eine weitere Quelle des Dämonen-Glaubens. Herabgradirung der heidnischen Götter zu Dämonen. Neigung dazu schon in der griechischen Uebersetzung, Ps. 106 und Ps. 91. . . S. 41—46.

d. Die Dämonen- und Satans-Vorstellung im Neuen Testament. Der Jakobusbrief. Die Verstoßung der Engel in den Tartarus 2. Petr. 2, 4. Brief des Judas V. 6 und 13. Die Irrsterne des Dunkels. Der Streit Michaels mit dem Teufel. — Die Offenbarung Johannes. Die Engellehre. Satan die alte Schlange. Ethische Wendung der Satansidee. . . S. 47—52.

Jesu Stellung zu den dämonischen Vorstellungen. Die Bilder vom ewigen Feuer. Der reiche Mann. Ein Wort Beyschlag's und Van Osterzee's über die Lehrweise Jesu. Die **Dämonisch-Kranken oder Besessenen**. Geschichte der Vorstellung. Der Morbus sacer. Die Gemüthskrankheit Sauls von den spätern Juden als Besessenheit betrachtet. Die Besessenheit ein spätjüdischer Wahn. Ein Wort des Hippokrates. . . . . S. 53—57.

Die **Dämonisch-Kranken in den Evangelien**. Uebersicht. Was haben wir mit dir zu schaffen? Zwei Urtheile über die richtige Auffassung der biblischen Erzählungen. Die Heilung des Gadareners und die Schweineheerde. — Der sprachlose Geist. Beten und Fasten. Die Heilmethode Jesu. Wie weit er die Vorstellungen von Dämonisch-Kranken theilte. Die Vertheidigungsrede gegen die Anklage der Pharisäer (Matth. 12, 24—37). Das Gleichniß von dem zurückkehrenden Dämon (Matth. 12, 43—45). — Aussprüche an die Jünger. Die Rückkehr der 70. Weichet von mir, ihr Uebelthäter. Die Größe der Geistesart Jesu. — Ernst Mühe über die Besessenheit. Zwei Warnstimmen. Eigenthümliche Stellung des vierten Evangeliums. . . . . S. 58—70.

e. Jesu Verwendung und Beurtheilung der Satansidee. Das Gleichniß vom Säemann und Verwandtes. Ob der Satan im Vaterunser sich finde. Das Wort an Petrus und sein Sinn. . . . . S. 71—72.

Die Versuchungsgeschichte. Der Sinn der ersten Versuchung; die zweite und dritte Versuchung. — Beyschlag und Längin über die Bedeutung der Versuchungsgeschichte für das Geistesleben Jesu. — Die materialistisch-buchstäbliche Auffassung. Ernst Mühe. Widersinn bei der buchstäblichen Auslegung. Urtheil von Beyschlag und von Weiß. — Eigenthümliche Stellung des 4. Evangeliums. Ihr seid von dem Vater, dem Teufel! Der Teufel als Lügner und Menschenmörder. Zwei Worte Jesu vom Sieg und dem Gericht über den Fürsten der Welt. Aehnliche Ideen im ersten Brief des Johannes. S. 73—82.

f. Die dämonologischen Vorstellungen in den Schriften des Apostels Paulus. Die vier Hauptbriefe. Um der Engel willen. Die vielen Götter und Herren. Die armseligen Elemente der Welt. Der Kolosserbrief und Verwandtes. Der Hebräerbrief. Paulus und Luther. — Zusammenfassung des Ergebnisses. Schlußwort. . . . . S. 83—97.

Durch die große geistige Umwälzung in den letzten Jahrzehnten des vorigen Jahrhunderts, die auch auf das religiöse Gebiet sich erstreckte und hinabdrang bis in die mittlern Schichten des Volkes, ist es gekommen, daß bis zur Mitte unseres Jahrhunderts Fürsten und Staatsmänner, Geistliche und Lehrer, Männer der Wissenschaft und Volksschriftsteller zusammenwirkten, um den Aberglauben, den Gespenster-, Hexen-, Wunder-, Geister- und Dämonenglauben zu bekämpfen. In der Kirche schaffte man nicht bloß die seit Jahrhunderten übliche Teufelsentsagung bei der Taufe ab, sondern man entfernte den Teufel auch aus den Unterrichtsbüchern, den Katechismen, der biblischen Geschichte, den Gebetbüchern im Gottesdienst, ja sogar, und nicht immer mit Geschmack, aus den Liedern und Gesangbüchern der Gemeinde....

Goethes Faust hatte für die Gebildeten in Bezug auf den ganzen Teufel-, Hexen- und Gespensterspuk die Richtung angegeben, innerhalb der überhaupt solche Vorstellungen noch eine Berechtigung hätten, nämlich als Symbolisirungen des Niedern und Gemeinen und, was den Teufel betrifft, als volksthümliche Personifikation für die zerstörenden, Verderben bringenden Kräfte in Natur und Menschheit. Zugleich hatte Goethe durch die Selbstironisirungen, die er Mephisto in den Mund legt, den bisher üblichen, kirchlich-offiziellen und dogmatischen Teufel mit dem Fluche der Lächerlichkeit belegt.

Schleiermacher hatte in seinen berühmten Thesen über die gefallenen Engel für die theologische Welt das Schlagwort ausgegeben: das Einzige, was vom Teufel zu lehren wäre, könnte dieses sein, daß man nur unter der Voraussetzung von ihm rede, daß jeder Einfluß desselben im Reiche Gottes aufgehoben sei*).

---

*) Schleiermacher, Der christliche Glaube. Berlin 1821. Lehrstück von der Schöpfung.

Seit den fünfziger Jahren ist es anders geworden. Der übermächtige Durst nach Handgreiflichem, der nach der Niederwerfung der politischen Erhebungen in den Jahren 1848 und 1849 sich geltend machte und der die bisherige hundertjährige Entwicklung des geistigen, wissenschaftlichen und religiösen Lebens als eine große Verirrung ansah, holte mit den verschiedenen mittelalterlichen Ideen auch den Teufel wieder hervor.

Er hielt seinen Einzug mit den Ordensmännern, den Jesuiten und der ihnen eigenen Frömmigkeit und eroberte sich hier Jahr für Jahr ein immer umfangreicheres Gebiet. In der protestantischen Kirche begann man gleichfalls lebhaft zu beweisen, wie sehr der Glaube an den leibhaftigen Teufel zur Buße und Bekehrung, zum Seelenheil des Christen nöthig sei; ein kurhessischer Professor der Theologie und zugleich bekannter Literarhistoriker hatte das Zähnefletschen des Teufels gesehen und gehört und die Männer der Kirche bemühten sich eifrig, den Teufel wieder in seine Rechte einzusetzen und ihm die alte Stellung in den Lehrbüchern, den Katechismen, Gesang- und Gebetbüchern und auch bei der Taufe einzuräumen. Das protestantische Volk hat im Großen und Ganzen durch ganz Deutschland, besonders in Baden, Bayern, Sachsen, Hannover diese Bestrebungen abgeschlagen. Aber die Bemühungen, den Teufel zu rehabilitiren, dauern innerhalb der protestantischen Kirche auch im neuen deutschen Reiche unermüdlich fort*). Es sind namentlich die pietistisch-orthodoxen Kreise, die in ihren Conventikeln und Reisepredigten in mannichfachen, im Namen der innern Mission unternommenen Anstalten dem Teufelsglauben einen großen Spielraum gönnen, die Möglichkeit eines bewußten oder unbewußten Bundes mit dem Teufel darthun und ihn bei gewissen Krankheiten eine Rolle spielen lassen.

Es läßt sich nicht leugnen, daß diese Bestrebungen eine Stütze in der Bibel haben, und man wird deßhalb auch nicht müde, sich in den Kreisen des Teufelsglaubens auf die Heilige Schrift zu berufen und diesen Glauben als ein nothwendiges Stück des Bibel- und Christenglaubens hinzustellen.

---

*) Vergleiche darüber Näheres bei Längin: Der Wunder- und Dämonenglaube der Gegenwart. Leipzig, Otto Wigand, 1888. 1 Mark 50 Pf.

Man könnte über diese Bestrebungen lächeln, wenn sie nicht einen so ernsten Hintergrund hätten. Auf der einen Seite stehen die biblischen Vorstellungen mit dem Anspruch, geglaubt zu werden; auf der andern Seite die modernen Bildungselemente, welche solche Vorstellungen als thörichten Aberglauben abweisen. So entsteht in dem Menschen der Gegenwart ein Konflikt, der meist zum Nachtheil der Bibel entschieden wird. Ein großer Theil aus allen Ständen wendet von vornherein der Bibel, als einem veralteten Fabelbuch, den Rücken; allein auch die ernsteren, mit warmem Interesse für Religion und Christenthum erfüllten Naturen gerathen in eine fortwährende innere Unruhe durch die Forderung, Vorstellungen zu glauben und für wahr zu halten, die sie nach bestem Wissen und Gewissen nicht glauben können, die in Widerspruch stehen mit allem, was sonst auf dem Wege der Bildung und des Unterrichts in ihren Geist gedrungen ist.

Wir sind nun keineswegs gewillt, alles, was man so für „moderne Bildung" ausgibt, als baare Münze anzuerkennen. Allein die Frage möchten wir doch ernstlich vorlegen: ist es denn wirklich wahr, daß die Bibel die Forderung an uns stellt, diese Vorstellungen als ein Stück des Christenglaubens hinzunehmen und daß sie diejenigen des Unglaubens zeiht, welche diese Vorstellungen abweisen? —

Lassen Sie mich zu diesem Zwecke diesen Vorstellungen, soweit sie in der Bibel sich finden, genauer nachgehen, ihnen fest und ruhig ins Angesicht sehen und dabei stets die ebenerwähnte Frage im Auge behalten, ob wir als Christen wirklich genöthigt sind, dieselben ohne weiteres anzunehmen und sie als einen nothwendigen Bestandtheil des Christenthums zu betrachten?

Indem wir nun diese Wanderung durch die Bibel antreten, müssen wir freilich die Zeiten und Perioden und damit auch die Schriften, die diesen Zeiten und Perioden angehören, scharf auseinander halten; denn die Bibel stellt, von Moses an gerechnet bis zu Christus, einen Zeitraum von mindestens 1500 Jahren dar und das Neue Testament umfaßt etwa 100 Jahre; beide zusammen also eine religiöse und geistige Entwicklung von 16 Jahrhunderten. Welch ein Zeitraum, fast so lang als die Dauer des Christenthums; welch eine Möglichkeit des Wachsens, Wandelns und Wechselns der Vorstellungen! Dabei ist für das Alte Testament noch die vorisraelitische Zeit zu unterscheiden, welche gerade für unsern Gegenstand von besonderer Bedeutung ist.

a) Wie bei allen Culturvölkern, den Aegyptern, Indern, Persern, Griechen, Römern und Germanen geht auch beim israelitischen Volk der eigentlichen Geschichte die Sage voraus. Lange, ehe die Hebräer den Schriftgebrauch kannten, war die Sage, d. h. die mündliche Ueberlieferung thätig, die Erinnerungen der Vorzeit festzuhalten, sich dabei anlehnend an Namen, Orte, Denksteine, Einrichtungen, Liedersprüche. Sie zerfällt in die Stammessage, die Erzählungen von Abraham, Isaak, Jakob und Joseph (1. Mos. 12—50) und die Erinnerungen der Urzeit, in denen die Sage zugleich einen religiösphilosophischen Charakter trägt: die Sagen von der Schöpfung, dem Paradies, dem Sündenfall, der großen Fluth, dem babylonischen Thurmbau (1. Mos. 1—11).

Es unterliegt nach den fast allgemein angenommenen Forschungen keinem Zweifel mehr, daß wir hier die Niederschläge von Erinnerungen vor uns haben, welche das israelitische Volk mit den verwandten semitischen Völkern, den Syrern, Assyrern, Chaldäern, Babyloniern, Phöniziern (1. Mos. 10, 22) gemein hat; sie waren ein gemeinsames Erbtheil dieser Völker, gehen in ihrem Ursprung auf das armenische Hochland, wo die Quellen des Euphrat und Tigris sind und die nächstliegenden Landschaften Ostasiens zurück. Möglich, daß sie durch Abrahams Familie, dessen Vater aus Ur in Chaldäa stammte, dem israelitischen Volke vermittelt wurden.

Ihre Spuren lassen sich bei den genannten Völkern noch verfolgen, wenn auch nur in Bruchstücken, die aber genügen, um erkennen zu lassen, in welcher einfachen, sinnigen und kindlichen Gestalt, fern von mythologischen Ausgeburten der Phantasie, die ersten Blätter der Bibel sie uns aufbewahrt haben.

Die Form, in welcher wir diese Ueberlieferungen haben, gehört nach allgemeiner Annahme in ihrem letzten Abschluß der Königszeit an.

Die älteste Quelle, die sogenannte Elohimurkunde, fällt zum mindesten in die Zeit Davids und die zweite Hauptquelle, die sogenannte Jehovaurkunde, fällt in die Zeit Salomo's, wenn nicht noch später. Allein die Abfassungszeit ist für unsern Zweck von untergeordneter Bedeutung, da der Grundstock der Ueberlieferungen uralt ist*).

Es kommen hier zwei Stellen in Betracht; die Erzählung vom Paradies und vom Sündenfall (1. Mos. 2, 25—3, 22) und der Bericht über die Ehe der Gottessöhne mit den Erdentöchtern 1. Mos. 6, 1—5. Was die erste Stelle betrifft, so ist die Hauptfrage, was ist unter der Schlange zu verstehen, die das Weib verführte und zur Sünde verleitete? Ist sie im Sinne des Erzählers ein bloßes Symbol oder steckt eine dunkle, überirdische Macht hinter ihr?

Wenn man sich ohne Nebenabsicht in die beiden Erzählungen Paradies und Sündenfall, die zusammen gehören, versenkt, so kann man sich des Eindrucks nicht erwehren, daß wir es hier nicht mit einer äußern Geschichte, sondern mit einem innern Vorgang zu thun haben, daß ein Ereigniß des Seelenlebens hier in der symbolischen Sprache der Poesie und der Kindheit seinen plastischen Ausdruck gefunden hat; daß wir hier auf die in den alten Völkersagen vielfach bewegte Frage Antwort erhalten sollen, wie ist das ursprüngliche Kindesglück der Menschheit und ihre Einheit mit Gott verloren gegangen und ist Sünde und Schuld, Zwiespalt und Unheil, Mühsal

---

) Die beiden Urkunden haben ihre Bezeichnung von den darin enthaltenen Gottesnamen Elohim und Jehova, welche Luther ungenau mit Gott und Gott der Herr übersetzt hat. Die Elohim-Urkunde ist die ältere (erster Erzähler); sie gibt die Urgeschichte in der einfachsten kindlichsten Form; die Jehova-Urkunde folgt schon späteren levitischen und anderen Rücksichten. Durch das lose Verflechten dieser Urkunden in einander oder vielmehr das Anfügen von Erzählungen der Jehova-Urkunde auf die Elohim-Urkunde geschieht es, daß einzelne Vorgänge doppelt und in einem doppelten Lichte erzählt werden. Zur Elohim-Urkunde gehören die Schöpfung (1. Mos. 1—2, 3); die Geschlechtsregister (Seth und die Sethiten Cap. 4, 25—5, 32); Noah und die Sintflut Cap. 6, 8—22; Cap. 7, 8, 9, 1—17); die Geschlechter der Söhne Noahs (die Völkertafel Cap. 10, 1—32); die Geschlechter von Sem bis auf Abraham (Cap. 11, 10—32), eine für sich zusammenhängende Erzählung; während das Paradies, die Erschaffung des Weibes (Cap. 2, 4—25), der Sündenfall und die Vertreibung aus dem Paradiese (Cap. 3, 1—24), sowie die Stelle über die Verbindung der Gottessöhne mit den Erdentöchtern, der Jehova-Urkunde angehören).

*) Vergleiche Herm. Schulz, Alttest. Theologie 1869 S. 92 und Wilh. Pressel, Die Stimmen der Völker über die Urgeschichte. Hamburg 1890.

und Verderben in die Welt gekommen? Die Antwort lautet: Im Kindesfrieden mit sich selbst, mit Gott und der Natur lebend, sollte der Mensch als Ebenbild Gottes, nicht wie die Thiere den dunkeln Trieben, in seinem Thun und Lassen folgen, sondern der Stimme Gottes in seinem Innern Gehör geben, und so zur Selbstentscheidung fortschreiten. Aber gegenüber den Verlockungen der Außenwelt, die an die niedere sinnliche Natur des Menschen sich wandten (symbolisirt durch die Schlange), entschied er sich gegen die höhere Stimme und fiel durch Geltenmachung seines eigenen Willens in Sünde und Schuld; Mühsal und Unfriede, Jammer und Elend war die Folge.

Man kann nicht sinniger dieses schwerste der Räthsel deuten. Aber in der Ausführung ist alles Poesie, Sinnbild, Sprache des Kindes und der Kindheit: da ist ein Baum des Lebens als Sinnbild des reichsten Glückes, dann ein Baum der Erkenntniß des Guten und Bösen mitten im Garten, ein Symbol für den Fortschritt des Menschen vom bewußtlosen, naiven zum bewußten Handeln, aus der Unmündigkeit in die Mündigkeit, ein Schritt, den heute noch jedes Menschenherz thun muß. Da geht Gott im Garten spazieren und spricht mit den Menschen wie ein Vater mit seinen Kindern. Da tritt ein Cherub auf mit einem flammenden Schwert, der den Zutritt zum Garten Eden bewacht, ähnlich den in andern Völkersagen die Schätze bewachenden Greifen, zugleich Sinnbild der rächenden Majestät und Gegenwart Gottes, ein Wesen halb Mensch, halb Thier, halb Vogel. Was Wunder, wenn da auch die Schlange spricht und redet und bei der Versuchung eine Hauptrolle spielt? In den alten Völkersagen genoß die Schlange eine besondere Verehrung; sie galt für klug, sie war bewundert, weil sie ohne Füße pfeilschnell sich bewegt, plötzlich aufschnellt, ihr Opfer überfällt und es in einem gewissen Banne hält. Wegen derselben Eigenschaften aber wurde sie auch gefürchtet und verabscheut und allgemein als ein von Gott verfluchtes Geschöpf betrachtet, das auf der Erde krieche, Staub fresse und dem Menschen feind sei. Konnte so ein passenderes Sinnbild für die aus der Sinnenwelt dem Weibe erwachsenden, verführerischen Gedanken herausgefunden werden und ist die Erzählung nicht in ihrem Rechte, wenn sie die Schlange zum Symbol der Verführung macht. Aber auch wenn der zweite Erzähler, dem diese Ueberlieferung angehört, hinter der Schlange eine übermenschliche Macht sich dachte, so haben wir es hier nicht mit einer Religionslehre, noch weniger mit einer Offenbarung im höheren Sinne zu thun, sondern einfach mit Völkermythologie und Völkersagen über die Schöpfung.

Von Entscheidung aber ist, daß in keinem der kanonischen Bücher des Alten Testaments eine Andeutung darüber sich findet, daß hinter der Schlange der Teufel zu suchen sei; weder die Bücher Samuels und der Könige, noch die großen Propheten, die ja so mächtig von der Sünde und ihrem Verderben reden, wissen etwas davon; sie erwähnen überhaupt den Sündenfall nicht und reflektiren nicht über die Entstehung der Sünde. Die Sünde ist ihnen als eine gottfeindliche, verderbenbringende Macht vorhanden, die zu bekämpfen ist.

Auch die Psalmen und selbst das Buch Hiob, das sich mit dem Verhältniß des Uebels zur göttlichen Weltregierung beschäftigt und in dem zum ersten Mal der Name Satan auftaucht, haben keine Andeutung davon, daß Sünde und Schuld durch ein übermenschliches Wesen in die Welt gekommen sei, oder ein solches irgend bei Entstehung der Sünde mitgewirkt habe.

Erst 300 Jahre nach der babylonischen Gefangenschaft, 1300 Jahre nach Moses, frühestens um 200 v. Ch., als die alttestamentlichen Religionsideen durch das Eindringen fremdländischer Vorstellungen in Zersetzung begriffen waren: da taucht in dem apogryphischen Buch der Weisheit, von einem in Aegypten lebenden, in hellenischer Bildung aufgewachsenen Juden verfaßt, das Schlagwort auf: „Gott hat den Menschen zur Unsterblichkeit geschaffen; aber durch den Neid des Teufels ist der Tod in die Welt gekommen" (Weish. 2, 23—24).

Es ist selbst hier noch zweifelhaft, ob der Verfasser die Vorstellung vom Neid des Teufels mit der Schlange in Verbindung bringt und sie sich in irgend einer Weise als Werkzeug bei der Verführung der ersten Eltern denkt; aber nachdem einmal die Vorstellung vom Neid des Teufels sich festgesetzt hatte, so lag eine Verbindung mit der Paradiesesschlange nahe. Doch dachte man noch lange nachher sich die Verführung Adams und Evas in anderer und direkter Weise. Immerhin ist unmittelbar vor und um die Zeit Christi die Vorstellung einer Verkörperung des Teufels in der

Schlange so sehr verbreitet, daß der Teufel selbst mit dem Namen der alten Schlange oder der alte Drache bezeichnet wird. Diese Auffassung ging auch in das Neue Testament über (Joh. 8, 44; 2. Cor. 11, 3; Offenb. 12, 9), sie wurde von den Kirchenvätern aufgegriffen, später in die kirchliche Dogmatik eingeführt und hat sich seitdem erhalten.

Aber wir fragen, mit welchem Rechte bindet man uns an eine solche Auslegung? der Ursinn der Erzählung verlangt sie nicht. Die reinsten Träger des alttestamentlichen Geistes, die großen Propheten, wissen nichts von ihr, sie können auch bei ihren gewaltigen Bußreden ohne sie bestehen; sie ist notorisch durch fremdländischen, heidnischen Einfluß entstanden; warum sollten wir gezwungen sein, diese Phantasien zu glauben, und nur im Glauben daran einen Anspruch zu haben, ein offenbarungsgläubiger Mann zu heißen? Haben die Propheten ohne diese Auslegung auskommen können, warum nicht vielmehr wir? Die Sünde ist auch ohne Verführung der ersten Menschen durch den Teufel in ihren tausend Gestalten verderblich und unheilvoll genug und ihre Entstehung wird erst recht zum Räthsel, wenn man sie vom Teufel ableitet*).

---

*) Ueber den Sündenfall vergleiche A. Kayser, Die Theologie des Alten Testaments, herausgegeben von E. Reuß (Straßburg 1886 S. 123). — E. Riehm, Handwörterbuch des bibl. Alterthums, Artikel Paradiesesschlange: „die Paradiesesschlange ist, obschon sie redet und die Menschen zum Ungehorsam gegen das göttliche Gebot verführt, doch nach 1. Mos. 3, 1 u. 14 eine wirkliche Schlange. Auch ist der Erzählung die Vorstellung, daß der Satan sie als Werkzeug gebraucht habe, fremd. . . . . Aber gemäß dem ganzen symbolischen Charakter der Erzählung konnte es nicht ausbleiben, daß die der symbolischen Anschauung entwachsene religiöse Erkenntniß die Verleitung der ersten Menschen in der unsichtbaren Geisterwelt suchen mußte. Trotzdem ist die aus andern Grundlagen gewonnene Vorstellung von Satan erst verhältnißmäßig sehr spät und nicht ohne den Einfluß des Parsismus mit der Paradiesesschlange verknüpft worden". — Wilh. Pressel (Stimmen der Völker über die Urgeschichte S. 13): „der Aberglaube sieht in der Schlange eine Verkleidung des Teufels, der Unglaube (?) eine Allegorie; aber führen denn nicht noch heute Kinder und Erwachsene Gespräche mit vertrauten Thieren? wie vielmehr zur Zeit des noch ungetrübten Verhältnisses im Paradies und bei dem Kindheitszustand der ersten Menschen". — Eine Zusammenstellung der orthodoxen Erklärungen bei Jos. P. Lange, Genesis. Originell Ernst Mühe (Biblische Merkwürdigkeiten. Neue Folge 1886 S. 16). „Wenn die Bibel bezeugt, daß die Schlange, ein von Gott gut

Noch interessanter ist die **zweite Stelle** 1. Mos. 6, 1—4: „Und es geschah, als die Menschen begannen, sich zu mehren auf der Erde und ihnen Töchter geboren wurden, da sahen die Söhne Gottes die Töchter der Menschen, daß sie schön waren und nahmen sich Weiber von allen, die ihnen gefielen. Und Jehova sprach: nicht soll mein Geist im Menschen walten ewiglich wegen ihrer Vergehungen. Er ist Fleisch und es seien seine Tage 120 Jahre. Die Riesen waren auf der Erde zur selbigen Zeit und besonders, nachdem die Söhne Gottes mit den Töchtern der Menschen zusammengekommen waren, gebaren sie ihnen (Söhne), das sind die Helden, die von Alters her Männer des Ruhms gewesen sind".

Die Hauptfrage ist hier, was ist unter den Söhnen Gottes und unter den Töchtern der Menschen zu verstehen? Nach einer alten Erklärung, die schon bei einigen Kirchenvätern wie Augustin sich findet, wären unter den Söhnen Gottes die Nachkommen des frommen Seth und Henoch verstanden und unter den Töchtern der Menschen das Geschlecht und die Abkömmlinge der verweltlichten Kanaiten.

Diese Deutung hat den Vorzug, daß sie jedes Auffallende und Anstößige aus der Stelle entfernt. Allein sie widerspricht zu sehr dem einfachen Wortlaut und dem Sprachgebrauch der Schrift, die durch das ganze Alte Testament unter Söhnen Gottes oder besser Götter=Söhnen, höhere Wesen, Engel, im Gegensatz zu den Menschen versteht. Die jüdische Theologie vor Christus und die früheren Kirchenväter wie Tertullian († 220) und andere nahmen die Stelle im ursprünglichen Sinne und nur der Anstoß, den man an diesem Verhalten der Engel nahm, war Veranlassung zur Umdeutung der Ausdrücke in Sethiten und Kainiten*).

Es liegt hier eine altsemitische vorisraelitische Anschauung zu Grunde, die wir durch das ganze Alte Testament und auch in den

---

geschaffenes Thier, plötzlich mit Menschensprache lästerliche Worte geredet und die Menschen zur Sünde verführt habe, so wird kein Leser auf den Gedanken kommen, daß das unvernünftige Thier dies aus sich selbst gethan habe. Auch die ersten Menschen hätten diesen Feind wohl erkennen können, als er sein **erstes teuflisches Wunder** auf Erden vollbracht, indem er der Schlange Sprache lieh'". —

*) Vergl. Näheres über diese Stelle bei Längin: Der Wunder- und Dämonenglaube der Gegenwart. S. 16. ff.

frühesten Sagen der morgenländischen Völker verfolgen können. Man dachte sich Gott umgeben von göttlichen Wesen, als eine Art Hofstaat und Rathsversammlung, die den höchsten Herrn und König des Himmels lobpriesen, die er aber auch berief, um sich bei wichtigen Entschließungen mit ihnen zu berathen. Sie waren es auch, die ihm Mittheilungen machten von den Vorgängen auf der Erde und die seine Befehle und Entschließungen ausführten und deßhalb Engel oder Boten genannt wurden. So erscheint Gott, wenn es heißt: Lasset uns Menschen machen, ein Bild das uns gleich sei (1. Mos. 1, 26); so wenn Gott nach dem Sündenfall spricht: „Siehe Adam ist geworden als unser einer und weiß was gut und böse ist" (1. Mos. 3, 22).

Dieselbe Vorstellung von Göttersöhnen, die den Herrn umgeben, findet sich auch Psalm 29, 1: „Gebet Jehova, ihr Göttersöhne, Gebet Jehova Ehre und Preis! Betet an im heiligen Schmuck". Psalm 89, 6 u. 7; ferner Hiob 38, 7; besonders aber in der berühmten Stelle Hiob 2, 1—7, die uns später näher beschäftigen wird; auch Jes. 6 liegt diese Vorstellung zu Grunde.

Dabei werden diese himmlischen Wesen ursprünglich keineswegs so geistig und heilig gedacht, wie später; sie sind vollkommener als die Menschen, aber trotz ihrer göttlichen Natur weit verschieden von Jehova (Psalm 89, 7)*). So kommt es, daß sie nach den schönen Töchtern der Erde sehen und sich die zu Weibern nehmen konnten, die ihnen gefielen.

---

*) Vergl. hierüber Dr. Herm. Schulz, Alttest. Theologie, Frankf. 1869 S. 331. 2. Ausgabe 1878 S. 557. Die sinnliche Natur dieser Wesen zeigt auch das Sprichwort vom Oelbaum und Most, der Götter und Menschen erfreut (Rich. 9, 9 u. 13). — Derselbe sagt über den religiösen Werth der Engellehre S. 331 ff.: „Die Engellehre ist kein eigentlicher Bestandtheil der Alttestamentlichen Religion. Dieselbe hat sie als allgemein angenommen im Volke vorgefunden und konnte sie einfach aufnehmen als Etwas, was ihrem Wesen durchaus nicht widersprechend war. — — An sich nun sind solche Göttersöhne für die Religion etwas vollständig Gleichgültiges. Sie können zu derselben irgend eine Beziehung nur gewinnen, wenn sie mit Gott, welcher Gegenstand der Religion ist, in Verbindung gebracht werden. — 2. Ausgabe 1878 S. 558. Sie stellen Gottes Fürsorge für die Seinen persönlich dar, vermitteln die Regierung seines Reiches, sein Eingreifen in die Welt u. s. w.

So überliefert hier die Bibel jene vielverbreitete Sage von der Abstammung der Helden und Eroberer von Göttern und höhern Wesen.

Aber was haben nun die Erklärer in alter und neuer Zeit aus dieser Stelle gemacht. Indem man, was eine uralte sinnige Volkssage ist, als reale Geschichte, als wirkliche Vorgänge nahm, so haben die einen, wie schon bemerkt, die Stelle auf die Verbindung zwischen den Nachkommen Seths und Kains gedeutet, was gegen den klaren Wortlaut ist. Die andern haben aus derselben falschen Anschauung, daß es sich hier um eine wirkliche Geschichte handle, aus der Stelle den Fall der Engel herausgelesen, die aus Liebe zu den schönen Töchtern Eva's aus ihrer lichten Höhe herabstürzten und zu bösen Engeln wurden.

In der Stelle selbst ist nichts angedeutet, was einen solchen Schluß gestattete. Es ergeht überhaupt weder über die Göttersöhne noch ihre Abkömmlinge ein Tadel; umgekehrt werden die letztern als Helden gepriesen, die von Anfang an Männer des Ruhmes gewesen seien*).

Ebensowenig findet sich durch das ganze Alte Testament eine Stelle, welche auf eine solche Auslegung und Auffassung von 1. Mos. 6, 1—4 hindeutete. Weder die Geschichtsbücher noch die Propheten und Lehrbücher, noch die apokryphischen Schriften, in denen die Dämonenlehre schon eine gewisse Rolle spielt, wissen über-

---

*) Zwar scheint die Jehovaurkunde, in der (1. Mos. 6, 1—4) steht, durch den räthselhaften, die Erzählung unterbrechenden dritten Vers vom Irregehen und Versunkensein ins Fleischliche und der Frist die den Menschen noch gesetzt wird, und Vers 5—8, die Ehen der Göttersöhne mit der Verderbtheit der Menschen und dem darauf folgenden Strafgericht der Sündfluth in Zusammenhang zu bringen. Allein einmal ist dies gegen den klaren Sinn in Vers 4, wo die Abkömmlinge aus der Ehe der Göttersöhne gepriesen sind, und dann ergeht das Strafgericht nur über die Menschen und ist über die Göttersöhne selbst nicht der leiseste Tadel ausgesprochen.

Wie sehr übrigens die Erzählung von den Göttersöhnen den Zusammenhang unterbricht und als eine spätere Einfügung erscheint, erhellt auch daraus, daß schon in der Elohimurkunde die Veranlassung zur Sündfluth hinlänglich motivirt ist (6, 11 u. 12) und 1. Mos. 6. 1—8 diese Motivirung verdoppelt und ihr eine neue, von der ursprünglichen abweichende Fassung gibt. Uebrigens muß nach dem Wortlaut der Bibel nicht Sündfluth sondern Sintfluth — große, dauernde Fluth übersetzt werden. Noch Luther schrieb so in den ersten Bibelausgaben.

haupt etwas von einem Fall der Engel; diese Vorstellung ist allen diesen Schriften gänzlich fremd. Erst etwa 150 vor Christus, nachdem die Alttestamentliche Religion den Höhepunkt ihrer Entwicklung längst überschritten hatte, mindestens ein halbes Jahrtausend, nachdem diese Erzählung in das erste Buch Mose eingefügt worden, taucht in dem sog. Buche Henoch, von dem später noch die Rede sein wird, im Anschluß an unsere Stelle Seltsames auf über einen Fall der Engel, die durch ihre Verbindung mit den Erdentöchtern die Erde verderbten und dafür aus dem Himmel verstoßen wurden.

Hören wir, wie das Buch Henoch diesen „Sündenfall" der Engel ausmalt.

Zweihundert Engel, unter ihrem Führer Semjaza — nach einem andern Bericht hatte der Hauptführer den Namen des aus der mosaischen Gesetzgebung bekannten räthselhaften Azazel — stiegen herab auf den Hermon und verschworen sich, den von Semjaza eingegebenen Plan auszuführen, obwohl, wie sie wußten, es eine große Sünde sei. „Und sie stiegen herab auf die Erde und vermischten sich mit den schönen Erdentöchtern und sie lehrten die Menschen Zaubermittel und Beschwörungen und das Schneiden der Wurzeln und Hölzer und Azazel lehrte die Menschen Schwerter, Messer und Schilde: und er lehrte sie sehen, was hinter ihnen war und Kunstwerke, Armspangen, Schmuckwaaren und den Gebrauch der Schminke und die Verschönerung der Augenbrauen, und die auserlesensten Steine und alle Farbstoffe und die Metalle der Erde. Und andere Engelführer lehrten den Lauf der Sterne und des Mondes. Und es ward eine große Gottlosigkeit und Hurerei und die Wege der Menschen wurden verderbt".

Die Frucht aber, die aus dem Bunde der Göttersöhne und der Erdentöchter hervorgingen, waren ungeheure Riesen, deren Länge dreitausend (nach Einer Handschrift dreihundert) Ellen waren. Diese verzehrten allen Erwerb der Menschen, so daß diese sich nicht mehr ernähren konnten. Endlich wandten sie sich gegen die Menschen selbst und begannen sie aufzufressen.

Und da die Menschen umkamen, schrieen sie, und ihre Stimme drang gen Himmel. Das hören die vier Hauptengel Michael, Gabriel, Surjan und Urjan (Uriel) und sie bringen das Geschrei der Menschen vor Gott „dem Herrn der Herren", dem Gott der

Götter, dem König der Könige und berichten ihm die Frevel der Göttersöhne und wie die Menschheit in Gefahr sei. Da redete der Höchste, der Große und Heilige und sprach zu Rafael: der Herr binde den Azazel an Händen und Füßen und lege ihn in die Finsterniß; mache eine Oeffnung in der Wüste und lege ihn hinein. Und lege rauhe und spitzige Steine auf ihn und bedecke ihn mit Finsterniß, daß er für immer dort bleibe und bedecke ihm das Gesicht, daß er das Licht nicht schaue und am großen Tage des Gerichtes soll er in den Brandpfuhl geworfen werden. Und zugleich soll er ankündigen, daß die Erde wieder heil werden soll von aller Verderbniß durch die Engel und daß nicht alle Menschen sollen untergehen.

Und zu Gabriel sprach Gott: Ziehe aus gegen diese Bastarde und Verworfenen und verfolge sie und die Kinder der Engel unter den Menschen; führe sie heraus und laß sie los auf einander, daß sie sich gegenseitig durch Mord zu Grunde richten.

Und zu Michael sprach der Höchste: Bring diese Kunde dem Semjaza und seinen Genossen und wenn alle ihre Söhne sich gegenseitig erschlagen und sie den Untergang ihrer Geliebten angesehen haben, so binde sie fest unter den Hügeln der Erde für siebzig Geschlechter bis zu dem Tage ihres Gerichtes und ihrer Vollendung, bis das letzte Gericht gehalten werden wird für alle Ewigkeit. Dann wird man sie abführen in den feurigen Abgrund; in der Qual und im Gefängniß werden sie angeschlossen sein für alle Ewigkeit*).

Unzweifelhaft liegt hier ein Anklang an die Titanen- und Prometheussage vor. Auch diese Engel verschwören sich gegen die Ordnungen des Himmels; auch sie lehren die Menschen allerlei Künste und werden unter die Berge und Hügel versenkt, d. h. diese auf sie geschüttet.

Noch mehr aber scheint, wenn auch in abgeschwächter Form, das Urbild des Verfassers der persische Arihman zu sein, der sich mit seinem Anhang gegen die Lichtmächte des Himmels erhob.

Diese Ideen wurden nun in den folgenden Jahrhunderten weiter ausgebildet und gingen auch in das Neue Testament über. Die Kirchenväter nahmen diesen Ideenkreis ins Christenthum mit

---

*) Dillmann, Das Buch Henoch, Cap. 6—10. Leipzig 1853.

und namentlich wurde die Vorstellung von einem Fall der Engel ein stehender kirchlicher Lehrsatz, der auch in die protestantische Dogmatik überging.

Die Kirchenväter und das ganze Mittelalter verwendeten diese Stelle von den Ehen der Göttersöhne auch, um die Möglichkeit einer geschlechtlichen Verbindung der Dämonen mit den Menschen darzuthun. Kirchliche Sanktion erhielt diese absurde Vorstellung in der Hexenbulle des Papstes Innocenz VIII. vom Jahr 1484 und im Hexenhammer vom Jahre 1489; in den Hexenprozessen spielte die Anklage auf einen solchen Verkehr eine Hauptrolle*).

Nach dieser geschichtlichen Darlegung liegt es auf der Hand, daß weder diese Ausdeutung von 1. Mos. 6, 1—4 noch die daran geknüpften Märchen von einem Fall und Verstoßung der Engel für uns eine bindende Kraft haben. Sie sind Erzeugnisse eines spätern entarteten Judenthums und sind in Wirklichkeit nicht Religion, sondern abenteuerliche theologische und philosophische Phantastereien, denen wir vor allem als Protestanten nicht zu folgen brauchen.

b) Die eigentlich geschichtliche Zeit beginnt mit Moses und seiner Gesetzgebung.

Sein großes Werk besteht darin, daß er die innerlich und äußerlich haltlosen, zahlreichen Nachkommen Jakobs aus der ägyptischen Sumpfluft und Bedrückung herausgeführt, zu einem Volke organisirt, dieses Volk zu Trägern des Monotheismus gemacht und durch eine eigene Gesetzgebung von den andern Völkern ausgesondert hat. Dieser Monotheismus war zunächst nur ein relativer; Jehova sollte der eine und alleinige Nationalgott des Volkes sein und neben ihm sollte es keine weitern Götter haben. In diesem Sinne sagt gleich das Grundwort der zehn Gebote: Ich bin Jehova dein Gott! Die Frage der Existenz anderer Götter blieb dabei unberührt; aber es unterliegt keinem Zweifel, daß bis in die Zeiten der Elias und Elisa hinein diese als vorausgesetzt betrachtet wurden; nur daß Jehova der besondere Gott Israels sei und zugleich mächtiger als alle andern; alles ganz der Fassungskraft des Volkes entsprechend.

Die absolute Machtvollkommenheit, die Mose Jehova als Bundesgott einräumte, der bestimmend in das äußere und innere

---

*) Näheres bei Längin: Religion und Hexenprozeß. S. 45 ic.

Geschick des Volkes eingreift und von dem Glück wie Unglück, Segen wie Fluch ausgeht, brachte es mit sich, daß für die Vorstellung von selbstständigen, höhern göttlichen Wesen, die gar in Widerspruch sich mit Jehova setzten oder dauernd einen gottfeindlichen Charakter annahmen, kein Raum war. Mose ließ zwar die altsemitische Volksvorstellung von Göttersöhnen und Engeln in der Umgebung Jehovas bestehen, ja er verwendete sogar die Cherubim, die Sinnbilder göttlichen Schutzes und göttlicher Wachsamkeit zu Cultuszwecken; aber überall sind die Göttersöhne nur Boten und Diener Jehovas und selbst der Engel Jehovas, der Mose erschien, und dem Volke schützend zur Seite steht, ist nur die Offenbarung Jehovas selbst. Von einem Fall der Engel oder auch von bösen Engeln, weiß die mosaische Gesetzgebung auch in ihrer spätern Entwicklung nichts, wie die gesammte frühere Anschauung des Alten Testaments. Es ist nur eine Stelle, in der man glaubt, die Spuren eines Dämon zu entdecken: 3. Mos. 16, 7—11 u. 20—22. Hier erhält bei der Einrichtung des großen Versöhnungstages Aron den Auftrag, zwei Böcke zu nehmen und über sie zu loosen; ein Loos „für Jehova" und eines „für Azazel". Der Bock, auf welchen das Loos für Jehova herausgekommen ist, solle Jehova geopfert werden. Den andern Bock, auf den das Loos für Azazel herausgekommen ist, bringe Aron vor das Versammlungszelt und lege auf ihn alle Sünden und Uebertretungen des Volkes und lasse ihn durch einen bereitstehenden Mann in die Wüste führen, daß „der Bock auf sich alle ihre Schuld trage ins öde Land". (V. 22.) Wer ist Azazel? Das vereinzelte und unvermittelte Auftauchen dieses Namens weist darauf hin, daß wir es vielleicht mit einer alten Volksvorstellung zu thun haben. Nach den einen Erklärern handle es sich, wegen der Gegenüberstellung zu Jehova um die Erinnerung an einen alten Volksgott, nach andern wäre Azazel ein unheilstiftender Dämon, dem man Rücksicht tragen müsse. Vielleicht ist Azazel weder das eine noch das andere und wir haben es gar nicht mit einem Eigennamen zu thun*). In keinem Fall aber ist Azazel

---

*) In Wirklichkeit ist Azazel ein Abstraktum und heißt: „zur Wegschaffung". Dafür spricht, daß schon die griechische Uebersetzung zur „Wegschaffung" (Vers 10) hat, in dem Sinne, daß der eine Bock für Jehova zum

in dieser Mosesstelle ein Teufel im spätern Sinne, der sich in einen feindlichen Gegensatz gegen Jehova gestellt hätte, wenn ihn auch immerhin, wie wir oben hörten, das Buch Henoch zu einem der Anführer der sündigenden Engel gemacht hat.

Eine traurige Geschichte hat die Stelle 2. Mos. 22, 18: die Zauberer sollst du nicht leben lassen. Welche Formen zur Zauberei gerechnet wurden, erläutert die spätere Stelle 5. Mos. 18, 9—12: Weissagen, Tagewählen, Beschwören, Zeichendeuten, auf Vogelgeschrei achten, Todtenbefragen u. s. w.

Es waren dies Künste und Uebungen, die im Heidenthum erlaubt, und die theilweise mit dem heidnischen Kultus verknüpft waren; jedenfalls waren sie bei den morgenländischen Völkern im Schwange. Bei einzelnen, wie bei den Beschwörungen wurden, wie heute christliche, so damals heidnische Götternamen und Göttersymbole verwendet. Gerade deshalb waren sie Mose ein Greuel und er schritt vom Bewußtsein des Monotheismus strenge gegen diese abergläubischen entsittlichenden Gebräuche ein.

Nachdem nun später, in der spät jüdischen und in der christlichen Zeit die heidnischen Götter zu Dämonen herabsanken, so wurden auch harmlose Gaukeleien als Zauberei mit Hilfe der Dämonen vollbracht, angesehen, und Millionen Menschen auf Grund dieser Bibelstelle hingerichtet, in den Hexenprozessen, aber auch in den Verfolgungen der Ketzer, denen man den Bund mit den Dämonen schuld gab, um sie bequemer als Zauberer verbrennen zu können.

Von besonderer Bedeutung ist die Stellung der Propheten zur Satansidee. Sie sind die großen religiösen Führer des Volkes und führen das religiöse Leben des Alten Testamentes auf die höchste Stufe. Nach drei Seiten greifen sie in das Volksleben ein;

Schlachten, der andere zur Wegschaffung in die Wüste, sei, um die Sünden des Volkes dorthin zu tragen. Dafür spricht besonders V. 21 u. 22. Eine ähnliche anschauliche Symbolik findet sich 3. Mos. 14, 4—7, wo für den vom Aussatz sich Reinigenden zwei Vögel vom Priester aufgestellt werden, der eine wird geopfert, der andere wird ins Feld entlassen. Aehnlich läßt Sacharja die Sünden des Volkes in einem Gefäß mit schwerem Bleideckel, außerhalb des Landes tragen (5, 5—11). Vergleiche Merz in Schenkels Bibel-Lexikon. Artikel Azazel.

sie befreien den Gottesgedanken von seinen partikularistischen Schranken; Jehova wird immermehr als der einzige Gott, der Herr des Himmels und der Erde erkannt; zugleich veredeln und vergeistigen sie den Opferkultus in der Forderung, daß Opfer ohne sittliche Gesinnung werthlos seien. Sie decken zweitens die Schäden des Volkes auf, betrachten im Lichte der neugewonnenen Gotteserkenntniß und im Bewußtsein der Bestimmung des Volkes die öffentlichen Zustände und sind so Volksredner und Bußprediger ohnegleichen, und endlich weisen sie über sich hinaus in der Verkündigung einer kommenden religiösen und politischen Wiedergeburt des Volkes.

Ihre Blüthe fällt in die Zeit von 750—550 vor Christus und ist ausgedrückt durch die Namen Joel, Jesaja, Micha, Jeremia, und den großen Propheten in der babylonischen Gefangenschaft (Jes. 40—66).

Als Volksredner stehen sie, besonders ein Jesaja und Jeremia den großen griechischen patriotischen Rednern würdig zur Seite und übertreffen sie durch die Kühnheit und Kraft der Bilder und die sittliche Hoheit der Gedanken.

Trotz ihren Machtrufen zur Buße, ihrer furchtlosen Aufdeckung der Sünden des Volkes und der einzelnen Stände ist bei ihnen nicht die leiseste Andeutung eines Gott gegenüberstehenden feindlichen übermenschlichen Wesens, das etwa die Sünde in die Welt gebracht hätte, bemerkbar. Die Sünde ist ihnen ein Werk der menschlichen Freiheit, die sich aus Hochmuth von Gott lossagt und seine Wohlthaten vergißt, sie ist Frevel, Abfall von Gott und Lieblosigkeit gegen die Volksgenossen.

Die Propheten sind so die beste Widerlegung des thörichten Geredes, das seit den Zeiten des Hexenhammers sich erhoben hat und sich bis in die neuesten Zeiten breit macht, daß der Teufel zur Erlangung einer gründlichen Buße und einer heiligen Scheu vor der Sünde nothwendig sei und daß, wer den Teufel leugne auch Gott leugne. Wie Moses bei seinem großen Werk der Sammlung und Organisation eines zerfahrenen Volkes glaubte ohne die Vorstellung vom Satan auskommen zu können, so genügt seinen großen Nachfolgern auf der einen Seite die Verweisung auf das Unheil und Verderben, das die Sünde mit sich bringt, und auf der andern Seite die Schilderung der göttlichen Machtvollkommenheit,

Heiligkeit und gerichtlichen Gewalt, sowie die Hinweisung auf die in der ganzen Geschichte des Volkes sich bewährende Güte, Anhänglichkeit und Treue für das Volk, um seine Glieder im Glauben und Vertrauen auf Jehova festzuhalten, daß sie auch unter den schwersten Schicksalsschlägen nicht dauernd an ihm irre wurden.

Ist es nicht eine Schande ohne gleichen, daß wir, die wir doch die höhere Offenbarung in Christo haben, meinen, ohne die Vorstellung vom Satan nicht auskommen und Zucht und Sitte erhalten zu können? und daß Vielen das Evangelium von Christo und der von ihm ausgehende Gottesgeist nicht ausreichen, um das Werk des Reiches Gottes unter den Menschen zu bauen und ihm zum Siege zu verhelfen. —

Die spätere Auslegungskunst hat freilich auch an einzelne Ausdrücke und Stellen in den Propheten sich angeklammert, um den Teufelsglauben darin zu entdecken. Dahin gehört Jes. 13, 21. Es ist ein Ausspruch über den Untergang Babels, der also einem Propheten aus der Zeit der babylonischen Gefangenschaft angehört, da heißt es vom Schicksal der großen Stadt: „Sie wird nicht bewohnt werden in Ewigkeit.. es lagern daselbst Steppenthiere und Uhus füllen ihre Häuser; es wohnen daselbst Strauße und Waldteufel tanzen da." Aehnlich Jes. 34, 14 über den Untergang Edoms: „da begegnet ein Waldteufel dem andern". Es sind dies Spukgestalten der Volksphantasie, wie sie das Volk in alter und neuer Zeit hat und die aus dem Sagenkreise anderer orientalischer Völker in das jüdische eingedrungen sind. Wie die Propheten (vergl. Jes. 6) die alten Vorstellungen von Seraphim und Cherubim zu ihren Lehrzwecken verwendeten, so auch hier diese Spukgestalten. Ueber ihre Existenz ist damit nichts ausgesagt. Die Kirchenväter und das Mittelalter machen aus diesen Wüstengestalten ohne weiteres Dämonen*).

---

*) Nicht wenig trägt dazu bei die griechische Uebersetzung, welche das hebräische Ziim (Steppenthiere) in 34, 14 mit daimonia übersetzt; desgleichen die Vulgata daemonia; in 13, 21 wird dasselbe Wort von beiden Uebersetzern mit „Thiere" gegeben. Seirim (Waldteufel) übersetzt die 70 gleichfalls mit daimonia; die Vulgata mit Pilosi, ein Ausdruck, der bei den Kirchenvätern und im Hexenhammer viel für Bezeichnung von Walddämonen verwendet wird. —

In Jes. 34, 14 findet sich noch eine andere Spukgestalt „daselbst rastet Lilith und findet seine Ruhe". Es ist ein ähnliches Gebilde der Volksphantasie wie die übrigen, mit dem man die Kinder schreckte, das Nachtgespenst Lilith. Die Rabbinen machen die Lilith, was die Vulgata mit Lamia übersetzt, zur Nebenfrau Adams; die Kirchenväter nahmen die rabbinischen Vorstellungen auf und so wird Lilith im Mittelalter eine Buhlteufelin und der Name Lamien auch auf die Hexen angewendet.

Das merkwürdigste Schicksal hat jedoch die Stelle Jes. 14, 11—15 erfahren. Es handelt sich hier um ein Triumph- und Spottlied auf den Sturz Babels, das dem herrlichsten, was Aeschylos vom Sturz der Perser gesungen, an die Seite gestellt werden kann. Die erste Strophe schildert den Jubel der Völker und die Ruhe der Welt, nachdem das Scepter des Drängers zerbrochen ist. Die zweite Strophe läßt den gestürzten Tyrannen in der Unterwelt ankommen:

> Die Todtenwelt da unten geräth in Aufruhr, eilt dir entgegen;
> Sie regt dir auf die Schatten, alle Führer der Erde,
> Sie störet auf von ihren Thronen alle Völkerkönige.
> Sie alle heben an und sprechen zu dir:
> „Auch du bist hingewelkt wie wir,
> Uns bist du gleichgeworden."
> Hinabgestürzt in die Unterwelt ist deine Pracht,
> Das Rauschen deiner Harfen;
> Ueber dich hat man Moder gebreitet
> Und deine Decke sind Würmer.

Denselben Gedanken führt die dritte Strophe weiter:

> Wie bist du vom Himmel gefallen,
> Du Glanzstern, Sohn des Morgenrothes!
> Zu Boden geschmettert,
> Du Völkerbezwinger!
> Gedachtest du doch in deinem Herzen: Zum Himmel will ich steigen,
> Hoch über Gottes Sternen aufrichten meinen Thron
> Und will mich setzen auf den Berg, da die Götter tagen,
> An des Nordens äußerstem Rande;
> Ich will steigen auf Wolkenhöhen,
> Mich gleichstellen dem Höchsten. —

Der Zusammenhang und Sinn ist ganz unzweifelhaft: das Lied besingt den Sturz des Völkerkönigs zu Babel, der von seiner

Höhe in die tiefste Tiefe hinabstürzte. Allein, nachdem einmal die Vorstellung von einer Empörung und einem Fall der Göttersöhne aufgekommen war, und als ihr Oberster Satan erschien, so wurde das Lied auf Satan und dessen Sturz, nach vorangegangener Empörung, bezogen. Es waren die jüdischen Gelehrtenschulen nach Christus, welche, wie wir später sehen werden, diesen abenteuerlichen Gedanken ausheckten; die Kirchenväter schrieben die Thorheit gläubig nach, die kirchliche Dogmatik nahm sie auf und so soll in dieser Stelle der Sturz des Satan gelehrt sein. Besonders von Bedeutung wurde die dritte Strophe, namentlich die zwei ersten Zeilen:

> Wie bist du vom Himmel gefallen,
> Du Glanzstern, Sohn der Morgenröthe!

Die griechische Uebersetzung gab den hebräischen Ausdruck für Glanzstern mit Eosphoros, Träger des Morgenlichtes wieder; das übersetzte die Vulgata mit Lucifer und seitdem hat Satan den seltsamen Namen Lucifer d. i. Lichtbringer erhalten. —

Zum erstenmal tritt der Name Satan in bestimmter Form im Buche Hiob auf.

Im Prolog dieses Buches, den bekanntlich Goethe mit glücklichem Griff als Vorspiel im Himmel zu seinem Faust verwendet hat, findet sich folgende Schilderung: „Und es geschah, da kamen die Söhne Gottes, sich zu stellen vor Jehova und unter ihnen auch Satan. Und Jehova sprach zum Satan: Von wannen kommst du? und Satan antwortete: Ich habe das Land umher durchzogen. Und Jehova sprach: Hast du auch acht gehabt auf meinen Knecht Hiob? denn es ist seines Gleichen nicht auf der Erde, schlicht und recht, gottesfürchtig und meidet das Böse. Satan antwortete Jehova: Meinest du, daß Hiob umsonst Gott fürchte? Hast du nicht ihn und sein Haus und alles, was sein ist, geschirmet ringsum? Das Werk seiner Hände hast du gesegnet und sein Vieh hat sich ausgebreitet im Lande; aber strecke deine Hand aus und taste an alles, was sein ist, ob er dir nicht in das Angesicht den Abschied gibt? Und Jehova sprach zu Satan: Siehe alles was sein ist, sei in deiner Hand, nur an ihn lege nicht deine Hand." Da ging der Satan hinweg vom Angesichte Gottes (1, 6—12).

Aehnlich die zweite Scene: Wiederum erscheinen eines Tages

die Söhne Gottes vor Jehova und unter ihnen Satan, und Jehova sprach: „Hast du nicht acht gehabt auf meinen Knecht Hiob? denn nicht ist auf der Erde ein Mann so fromm wie er; auch hält er fest an seiner Frömmigkeit; du aber reiztest mich gegen ihn, daß ich ihn ohne Ursache verderbet habe. Satan antwortete Jehova: Haut um Haut! Alles was der Mensch hat, läßt er für sein Leben! Aber recke deine Hand aus und taste sein Gebein und Fleisch an und er wird dir ins Angesicht den Abschied geben! Und Jehova sprach: Siehe da, er sei in deiner Hand, doch schone seines Lebens!"

Es ist bekannt, wie Hiob beide Mal im Prolog sein Unglück bestand; das erste Mal tröstete er sich über den Verlust seiner Kinder und seiner Habe mit den Worten: „Nackend bin ich aus dem Mutterleibe gekommen, nackend werde ich wieder dahin fahren. Der Herr hat's gegeben, der Herr hat's genommen; der Name des Herrn sei gelobet" (1, 21). Und das zweite Mal sprach er die schönen Worte: „Haben wir Gutes empfangen von Gott und sollten das Böse nicht auch annehmen?" (2, 10).

Es fragt sich nun, in welchem Sinne sind diese beiden Scenen zu verstehen und welche Bedeutung hat in ihnen Satan? Zunächst heißt das Wort Satan in seinem ursprünglichen Sinne nichts anders als Widersacher sein, der Meinung eines anderen Widerstand leisten oder seinen Entschließungen entgegentreten. In diesem Sinne wurde es in der Geschichte des merkwürdigen Sehers Bileam, der Israel verfluchen sollte, verwendet; und der Engel Jehovas stellte sich ihm in den Weg, um ihm Satan, d. i. Widersacher zu sein (4. Mos. 22, 22). Der Satan des Buches Hiob ist ein noch viel harmloserer Widersacher. Er leistet Jehova nicht einmal einen rechten Widerstand, sondern er hat nur eine andere Meinung in Bezug auf die Frömmigkeit Hiobs; er meint, nachdem Gott den Hiob so reichlich in irdischen Dingen gesegnet, so sei es für ihn nicht schwer, Gott zu dienen; es käme nur darauf an, ihn einmal auf die Probe zu stellen. Ganz so erscheint er auch in der zweiten Scene: nachdem der erste Versuch fehlgeschlagen, so möchte er einen zweiten wagen: taste sein Leben an und er wird dir den Abschied geben. Gewiß war ihm recht, daß Hiob geplagt und auf die Probe gestellt wurde; und er freut sich, daß Gott auf seine Wünsche eingeht und er würde sich gefreut haben, wenn Hiob unterlegen wäre. Aber auf der andern Seite ist noch kein Zug an ihm von der Boshaftigkeit des späteren Satan; noch weniger hat er die Anlagen, der Fürst und das Oberhaupt der spätern Hölle zu sein; er bezweifelt, er kritisirt, er verdächtigt, das ist alles, wobei im Hintergrunde der Gedanke lauert, wenn nur seine Zweifel durch den Erfolg sich rechtfertigten.

Zweitens erscheint hier Satan als ein Engel, gerade wie die anderen Engel; als einer der Göttersöhne unter den Göttersöhnen. Wir haben also hier wieder die Vorstellung, die uns schon 1. Mos. 6, 1—3 begegnet ist, jene altsemitische, vorisraelitische Anschauung, daß Jehova als umgeben von einer Rathsversammlung von Engeln und Göttersöhnen gedacht wird, mit denen er gleichsam die Dinge auf der Erde bespricht. Es liegt hier auch die weitere Vorstellung zu Grunde, daß einzelne Göttersöhne gewisse Funktionen haben, sich nach den Dingen auf der Erde umzusehen und die Aufträge Jehovas an seine Frommen und sein Volk zu vollziehen. Insbesondere scheint einer dieser Engel sich ein Geschäft daraus gemacht zu haben, die Frommen zu beaufsichtigen, ihre Schattenseiten auszuspüren und im Gegensatz zu den andern, die Harmonie des Weltalls preisenden Engeln in der Rathsversammlung diese Schattenseiten zur Sprache zu bringen. Das eben ist der Satan oder Widersacher.

Er ist aber nichtsbestoweniger ein Göttersohn wie die andern, der zu den Götterversammlungen freien Zutritt hat. Sein Auftreten ist etwas keck und ungenirt; aber Jehova zürnt ihm deßhalb nicht, sondern geht auf seine Einwendungen ein, plaudert mit ihm, giebt ihm bis zu einem gewissen Grade nach. In keinem Fall aber schließt er ihn wegen seiner Keckheit und seiner Verdächtigung Hiobs aus der Versammlung aus, noch viel weniger verstößt er ihn aus seiner Gemeinschaft.

Von dieser primitiven Vorstellung vom Satan, wie sie aus dem Ursinn der Hiobstellen sich ergiebt, ist wohl zu unterscheiden, was die spätern Erklärer aus dem Satan des Hiob gemacht haben.

Indem man die naiv-symbolische Erzählung des Prologs als wirkliche Geschichte nahm und einige Wendungen auf Kosten der Gesammtanschauung preßte, schob man alles Unglück, das über

Hiob hereinbrach), dem Satan in die Schuhe und machte diesen immerhin harmlosen Satan zu einem übermächtigen, bösartigen Teufel. So folgerten schon die Kirchenväter aus der Krankheit Hiob, daß Satan die Macht besitze, mit Gottes Erlaubniß, wie man sich auszubrücken pflegte, Krankheiten über die Menschen zu verhängen.

Auch das erste Unglück Hiobs, der Einfall der Sabäer und Chaldäer, das Feuer, das vom Himmel fiel, der Sturmwind aus der Wüste, der das Haus umwarf, wurden ohne weiteres Satan zugeschrieben; und es wurde daraus der Schluß gezogen, daß der Teufel Aufruhr und Krieg erregen, daß er Sturmwind und Wetter machen könne. Im Mittelalter gewannen diese Vorstellungen weitere Verbreitung; sie spielten eine traurige Rolle in den Verfolgungen der Hexen, die man neben der Abschwörung des Taufbundes und der Buhlschaft mit den Teufeln, auch des Wettermachens und des Anstiftens von Krankheiten beschuldigte*).

Unzweifelhaft bietet der Buchstabe des Hiob-Prologs dazu Anhaltspunkte in Redewendungen wie: „er sei in der Hand", und wenn es heißt: „und Satan ging hinweg und schlug Hiob mit bösen Beulen von der Fußsohle bis zum Scheitel". Auf der andern Seite aber sagt der Herr: „du hast mich bewogen, daß ich ihn ohne Ursache verderbet habe" (2, 3); Hiob selbst sieht in der ganzen Dichtung, sogar im Prolog, sein Unglück als von Gott geschickt an (1, 21; 2, 10), er hadert deßhalb mit Gott und seiner Weltregierung und Gott ist es, der ihm später wieder alles ersetzt. Merkwürdig ist auch, daß im eigentlichen Haupttheil des Buches, in den Klagen und Reden Hiobs und seiner Freunde, sowie in der Gotteserscheinung auch nicht die leiseste Beziehung auf den Satan des Prologs sich findet.

Man darf daraus den Schluß ziehen, daß der Dichter des Buches die Figur des Satan im Volke vorfand, und ihr von vornherein nur einen symbolischen Charakter beilegte, wie überhaupt der Prolog nur lose mit dem Haupttheil zusammenhängt und der Epilog mit seiner Einsetzung des Hiob in das alte Glück mit den tiefsinnigen Betrachtungen der Dichtung, welche Beugung unter die

---

*) Längin, Religion und Hexenprozeß. S. 86 u. 212.

Macht, Größe und Weisheit Gottes verlangen, nicht recht harmoniren will.

Etwas weiter geht eine zweite Stelle, in der der Satan in den kanonischen Schriften des Alten Testamentes vorkommt: Sacharja 3, 1—10; da sieht der Prophet im Geiste, nach der Rückkehr aus der babylonischen Gefangenschaft, den Hohenpriester Josua, einen der Führer der Exulanten, vor dem Engel Jehovas stehen und zu seiner Rechten Satan, den Widersacher, um ihm zuwider zu sein, d. h. ihn anzuklagen. Aber Jehova, der auch zugegen zu denken ist, spricht zu Satan: „dich bedräue Jehova, der Jerusalem erwählet hat. Ist dieser nicht ein aus dem Feuer gerettetes Scheit?" Die Handlung endigt damit, daß die dabeistehenden Engel den Auftrag erhalten, dem Josua die schmutzigen Kleider, mit denen er als Angeklagter vor Jehova stand, auszuziehen, ihm Feierkleider anzuthun, und ihn, von aller Schuld freigesprochen, in sein Amt wieder einzusetzen mit der Mahnung, auch fernerhin Gottes Vorhöfe zu hüten und auf Jehovas Wegen zu wandeln.

Es läßt sich hier der Fortschritt in der Vorstellung vom Satan nicht verkennen; aus einem Zweifler und Verdächtiger ist er ein förmlicher Ankläger geworden. Denn das ist offenbar der Sinn der Vision des Sacharja: Josua, der Hohepriester, der sich vielleicht etwas gegen die levitische Reinheit hatte zu Schulden kommen lassen, wird vom Satan angeklagt, in die Versammlung der Göttersöhne geschleppt, ihm dort förmlich der Prozeß gemacht, aber von diesen und Jehova freigesprochen. Nichtsdestoweniger erscheint auch hier der Satan nicht als ein absolut böser Dämon, noch weniger ist etwas von einer Verwerfung und Verstoßung desselben aus Gottes Nähe zu erkennen, er hat gerade wie die Engel Jehovas Zutritt zu Gott, Gott hört ihn an, verweist ihm aber seine falsche Anklage*).

---

*) Ueber den Satan des Buches Hiob und Sacharja vergl. Dr. Herm. Schultz, Alttestamentliche Theologie 1869 II. 141: „In beiden Stellen ist jedenfalls kein Gott entgegengesetztes, dualistisch ihm ebenbürtig gedachtes Wesen unter dem Satan verstanden. Ja eigentlich nicht einmal ein Wesen, welches gegen den Willen Gottes handelt, denselben zu bestreiten versucht. . . . Am wenigsten ist an ein gefallenes, in Widerspruch mit der ursprünglichen Gotteinheit gerathenes Wesen zu denken. Auch ist nicht zu vergessen, daß beide Stellen

Eine Hauptfrage ist nun, wie kommt es, daß auf einmal diese Vorstellung von einem Satan in den Schriften des Alten Testamentes auftaucht, während weder Mose noch die großen Propheten etwas von ihr wissen?

Da das Buch Hiob seinem ganzen Inhalte nach, der die schwersten Anklagen gegen Gottes Weltregierung erhebt, einer spätern, durch erschütternde Unfälle bezeichneten Zeit angehört, einer Zeit, in der zugleich der philosophische Geist erwacht war, also frühestens um 600 vor Christus — der Prophet Sacharja aber nach der Heimkehr aus der babylonischen Gefangenschaft, etwa um 500 vor Christus lebte, so liegt es nahe, an babylonisch-persische Einflüsse zu denken.

Allein der Satan des Buches Hiob und Sacharja hat doch zu wenig von jener Gottfeindlichkeit des Arihmann, als daß man im Ernst von einem eigentlichen Einfluß auf die biblische Figur des Satan rede.

Vielmehr ist zu versuchen, ob nicht aus der innerisraelitischen Entwicklung sich die Satansgestalt erklären läßt, durch die Stellung, welche die Bibel den Engeln im Verlaufe der religionsgeschichtlichen Entwicklung anweist. Es ist nicht ohne Interesse, diese Entwicklung zu verfolgen.

In der naiv-kindlichen Auffassung des Verhältnisses Gottes zur Welt und zum Menschen in den frühsten Urkunden der Schrift verkehrt Gott unmittelbar mit den Menschen; er besucht Adam im Paradiese, er stellt ihn zur Rede, spricht mit ihm, geht im Garten spazieren, als der Tag kühle ward (1. Mos. 3, 7). Bei dem Thurmbau zu Babel kommt Jehova herab, um die Stadt und den Thurm zu sehen (1. Mos. 11, 5). Noch Abraham erscheint er

---

durchaus dichterisch gehalten sind und keine Lehre über einen Satan zu geben beabsichtigen. Es ist nicht so ganz unrichtig, wenn man an die Ankläger an asiatischen Königshöfen erinnert hat — wie ja auch zwei Stellen aus Ezechiel von den „die Schuld ins Gedächtniß Rufenden" reden (21, 23; 29, 16). Und S. 140: der Satan und seine Wirksamkeit, welche er den Frommen gegenüber entfaltet, gehören wohl schon zu dem sagenhaften Stoffe, aus welchem das Kunstwerk des Buches Hiob entwickelt ist. Wenigstens spricht dafür, daß in dem eigentlich freithätig gedichteten Theile des Buches weiter keine Rücksicht mehr auf denselben genommen wird."

persönlich, einmal in Begleitung von zwei Männern. Abraham lief ihnen entgegen und beugte sich vor ihnen; er befiehlt seinem Weibe schleunigst Kuchen zu backen; er schlachtet ein Rind und setzt ihnen das, Kuchen, Rahm und Milch und das Kalb vor und sie aßen unter den Eichen Mamres (1. Mos. 18). Zwei von den Männern, die als Engel bezeichnet werden, gehen dann nach Sodom, um Lot zu warnen und zu retten (Cap. 19, 1).

Daneben aber tritt früh eine andere Vorstellung auf: Gott erscheint nicht mehr selbst, sondern sendet an seiner Stelle seine Engel. So erscheint er schon in der genannten Erzählung: 1. Mos. 18, zunächst in Begleitung von zwei Engeln, die ganz wie Menschen aussahen (1. Mos. 19, 3), aber höheres Wissen und Können als diese besaßen. Vornehmlich aber tritt nun an der Stelle Jehovas ein Engel auf, bis in die Bücher der Richter hinein, der mit dem Namen Engel Jehovas oder Engel seines Angesichts bezeichnet wird. So ruft der Engel Jehovas der verzweifelnden Hagar zu (1. Mos. 16, 7 u. 22, 17); so hält er Abraham von der Opferung seines Sohnes ab (1. Mos. 22, 11). So zog der Engel Jehovas vor dem Heere Israels her und stellte sich hinter dasselbe als die Aegypter ihnen nachjagten (2. Mos. 14, 19); später tritt er seltener auf, doch finden wir ihn noch Richter 5, 23. Seine Person fließt mit Gott zusammen, wer ihn gesehen hat, hat Gott gesehen.

Der Grund dieser Sonderung lag darin, daß die Vorstellung von Gott eine bewußtere geworden war und so hielt man es nicht mehr mit seinem Wesen vereinbar, ihn selbst erscheinen zu lassen.

Neben diesem Engel des Angesichts geht aber in den historischen Büchern des A. T. noch ein anderer Engel her, das ist der **Engel des Unglücks und der des göttlichen Strafgerichts**. In den frühsten Stücken verhängt Jehova selbst das Unglück und die Strafe direkt. Er selbst treibt Adam und Eva aus dem Paradiese; er selbst führt die Sintflut herein; und gelobt, beim lieblichen Geruch des Opfers: nicht will ich fürder die Erde verfluchen (1. Mos. 8, 21). Jehova selbst zerstreuet die Völker und verwirrt ihre Sprache und läßt Schwefel regnen über Sodom und Gomorra.

Aehnlich verhält es sich auch im 2. Buch Mose. Auch da erklärt Jehova Mose ausdrücklich: Ich weiß, daß der König euch nicht ziehen lassen wird und so werde ich meine Hand ausstrecken und Aegypten schlagen mit allen meinen Wundern (2. Mos. 3, 19), und bei der Plage der Erstgeburt verheißt er Mose: Ich werde durch das Land Aegypten gehen in dieser Nacht und schlagen alles Erstgeborne vom Menschen bis zum Vieh und an allen Göttern Aegyptens werde ich Gericht üben, ich, Jehova; sehe ich aber das Blut an euern Häusern, so werde ich vorübergehen und keine Plage wird euch treffen (2. Mos. 12, 12, 13). Diese Anschauung reicht hinein bis in die Zeiten der Könige. Zwischen hinein aber tritt die Vorstellung eines Engels auf, der als Würg- oder Unglücksengel Strafe und Unglück im Auftrage Gottes ausführt. So ist es der Engel Jehovas, der im Lager Sanheribs vor Jerusalem eine Seuche anrichtet, an der 185 000 Mann starben (2. Könige 19, 35). Bei der Pest, die wegen der Volkszählung über David kam, da heißt es wohl: Jehova gab eine Pest über Israel, aber gleich darauf: und der Engel reckete seine Hand aus über Jerusalem, sie zu verderben (2. Sam. 24, 15, 16).

Auch das Auftretenlassen dieser Unglücksengel hängt mit dem Fortschritt des Gottesbewußtseins zusammen, das bei einer reinern Vorstellung von Gott, es mit seinem Begriff nicht mehr für vereinbar hielt, Jehova selbst das Unglück unter den Menschen ausführen zu lassen; ganz instruktiv und merkwürdig ist die erwähnte Psalmstelle 78, 49. Hier wird Engeln zugeschoben, was der alte Erzähler ohne weiteres Gott ausführen läßt, der sogar in der Nacht herabsteigt und Aegyptenland durchwandert, um alle Erstgeburt an Menschen und Vieh zu schlagen.

Es liegt darnach außer allem Zweifel, daß diese Zwischenwesen von Engeln Jehovas und Unglücksengeln keine wirkliche Unterlage haben, sondern symbolisch gemeint sind, dichterische Erfindungen des religiösen Bewußtseins, das die ursprüngliche naive aber religiös reinere Auffassung nicht mehr versteht. Es ist auch festzustellen, daß diese Vorstellung von Unglücksengeln sich erst verhältnißmäßig spät, in der Zeit des sinkenden Reiches ausgebildet hat.

Aehnlich verhält es sich nun auch mit der Vorstellung vom Satan, wie sie in Hiob und Sacharja auftritt.

Die biblischen Schriftsteller nehmen keinen Anstand, in einer Reihe von Fällen Gott auch als Urheber des Bösen und als Anstifter zu bösen Gedanken und Entschließungen darzustellen. So ist Gott es, der das Herz Pharaos verstockt, daß er die Israeliten nicht ziehen läßt (2. Mos. 4, 21; 10, 20; 11, 10; 14, 4). Daneben findet sich freilich wiederholt auch die andere Ausdrucksweise: „und Pharaos Herz verstockte sich, blieb hart, daß er nicht auf Mose hörete, wie Jehova geredet hat" (2. Mos. 7, 13; 8, 19 u. s. w.), die zeigt, daß damit das persönliche Verschulden nicht ausgeschlossen ist. Noch bei Jesaja finden sich solche Redewendungen. In der Vision Cap. 6 spricht Jehova zum Propheten: du sollst verstocken das Herz dieses Volkes und seine Ohren betäuben, und 63, 17 im Bußgebet, also in einem Stück, das in die babylonische Gefangenschaft fällt, redet der Prophet Gott also an: Warum, Jehova, lässest du uns abirren von deinen Wegen und verstockest unser Herz gegen deine Furcht? In beiden Fällen soll damit die Schuld des Volkes nicht ausgeschlossen sein.

Allein verhältnißmäßig früh finden sich Andeutungen von einer andern Auffassungsweise, nach welcher Gott Mittelspersonen verwendet, um seine, auf den Untergang einer Persönlichkeit gerichteten Pläne, auszuführen. Hierher gehört die merkwürdige Stelle (1. König. 22, 49 u. s. w.): da verheißen die Propheten Samariens dem Ahab Sieg, wenn er in die Schlacht ziehe. Der Prophet Micha aber prophezeit Unglück und begründet seinen Ausspruch so: Ich sah Jehova sitzend auf einem Throne und das ganze Heer des Himmels neben ihm stehend zur Rechten und zur Linken und Jehova sprach: Wer will Ahab bereden, daß er hinaufziehe und falle bei Ramoth in Gilead? und dieser sprach so, und jener sprach so. Da ging der Geist hervor und trat vor Jehova und sprach: ich will ihn bereden. Und Jehova sprach zu ihm: wodurch? Und er sprach: ich will ausgehen und ein Lügengeist sein im Munde aller seiner Propheten. Und er sprach: du sollst ihn bereden, und wirst es auch vermögen. Gehe aus und thue also. Der Abschnitt ist überaus malerisch, erinnert lebhaft an Hiob und verwandte Stellen. Neu aber ist, daß hier ein Geist „von Gott ausgeht", der die Propheten bethören und Lüge und Unheil stiften will und soll, und das mit Jehovas Einwilligung ohne weiteres vollbringt, denn Ahab kommt in der Schlacht um. Aber deshalb ist er in keiner Weise ein moralisch böser oder gar von Gott abgefallener Geist, sondern ein Engel und Bote Gottes wie die andern auch, nur mit dem neuen Auftrag von Gott, Lüge und Täuschung auszusäen. —

Die merkwürdigste Stelle aber, und die zugleich zeigt, in welchem Sinne diese Vermittlungen gemeint sind, ist 2. Sam. 24 verglichen mit 1. Chron. 22, 1.

Es ist das die dritte Stelle, in welcher der Satan innerhalb der kanonischen Bücher des Alten Testamentes vorkommt. Da hat David das Volk, d. h. die kriegstüchtigen Männer in ganz Israel zählen lassen, allein unter dem Einfluß der priesterlichen Hofpartei schien es ihm bald Vermessenheit, allzu großes Vertrauen auf Menschenhilfe zu setzen und er betrachtete die bald nachher ausbrechende Pest als Strafe seiner Vermessenheit. Während nun das Buch Samuel den Vorgang einfach erzählt, und nach der altüberlieferten Anschauung des Alten Testamentes Gott es ist, welcher David den Gedanken einer Volkszählung eingab, weil er über Israel erzürnt war und David strafen wollte; so ist es nach der viel später, erst lange nach der babylonischen Gefangenschaft entstandenen, wenn auch aus alten Quellen schöpfenden Chronika, der Satan, welcher wider Israel aufstand und David reizete, das Volk zu zählen (1. Chron. 22, 1). Der Fortschritt in der Satansvorstellung ist in dieser Chronikastelle sehr bedeutend. Bei Hiob ist der Satan noch ein einfacher Göttersohn, der zwar mit Behagen, aber doch mit einer gewissen Schüchternheit die Meinung Gottes über den Frommen anzweifelt. 100 Jahre später ist er bei Sacharja schon der öffentliche Ankläger, eine Art Oberstaatsanwalt im Rathe Gottes, der es besonders auf die Frommen abgesehen hat; 250—200 Jahre später in der Chronika, ist er dann der förmliche Anstifter zum Bösen, der von sich aus zum Schlechten reizt, und zugleich eine bekannte Figur, die man ohne weiteres in Erzählungen der Vergangenheit einflicht. — Zu gleicher Zeit aber zeigt die Chronikastelle, daß wir es, wie mit den Unglücksengeln, so auch mit der Figur des Satan nicht mit einem realen Wesen, sondern mit einem Gebilde der Volksphantasie zu thun haben, die in der spätern Entwicklung sich daran stieß, das Böse Gott zuzuschieben und deshalb zu allerlei Vermittlungen griff und sie zwischen dem unsichtbaren, jenseitigen Gott und dem sichtbaren Menschen einschob. So erklärt sich wohl die Gestalt des Satan in den Grundzügen aus dem naturgemäßen Fortschritt der innerisraelitischen Entwicklung; allein sicher übte die an den morgenländischen, insbesondere am persischen Hofe übliche Einrichtung eines königlichen Anklägers auf die immer schärfere Ausgestaltung der Figur einen nicht geringen Einfluß. Immerhin ist auch der Satan der Chronika noch weit entfernt von seinem spätern Zerrbilde. Er gehört immer noch zum Hofstaat Gottes, wenn er auch mehr als der Satan des Buches Hiob und Sacharja selbständig das spätere Handwerk des Teufels, die Anstiftung zum Bösen, zu treiben scheint.

In keiner Weise aber ist er ein Fürst eines eigenen Reiches, oder ein gefallener Engel, der mit Ketten der Finsterniß zur Hölle verstoßen ist. —

c) Eine gänzliche Umgestaltung erlitt die jüdische Engel- und Dämonenlehre nach der Rückkehr aus der babylonischen Gefangenschaft (536 v. Ch.) bis zur Zeit Christi und zwar vornehmlich in den beiden Jahrhunderten vor Christus. Die Juden blieben 200 Jahre unter persischer Oberhoheit (535—330 v. Chr.); dann folgte die macedonisch-griechische Zeit seit Alexander des Großen Eroberungszügen. Palästina fiel den Ptolemäern in Aegypten zu.

Ein großer Theil der Juden war schon längst zerstreut in ferne Länder; 720 folgte die erste Wegführung unter Salmanassar nach Assyrien; 586 die zweite nach Babylonien, von wo nur ein kleiner Theil unter Serubabel und später (458) unter Esra in die Heimath zurückkehrte. In der Zeit der griechischen Oberherrschaft wurden viele Juden schon durch Ptolemäus Lagi nach Aegypten geführt. Da diese gut behandelt wurden, so folgten andere freiwillig nach. In kurzer Zeit hatten sie hier ihre heimathliche Sprache verlernt und es mußten ihre heiligen Schriften in die in Aegypten herrschende griechische Sprache übersetzt werden, was eben ein Jahrhundert vor Christus geschah.

Zu gleicher Zeit machten sich jetzt von Persien aus allerlei Vorstellungen geltend, die wir schon bei Sacharja in einzelnen Bildern und Redewendungen verfolgen können. Die offizielle Hofsprache Persiens, das sogenannte Aramäische, drang immer weiter nach Westen und verdrängte auch in Paläſtina das Althebräiſche. Namentlich aber waren es die Vorſtellungen von einem Lichtreich und einem Reiche der Finſterniß, die ſich dualiſtiſch gegenüber ſtanden und die die Grundlage des perſiſchen Religionsſyſtems bildeten, welche bis nach Paläſtina ſich verbreiteten und dort bei der Neigung, Mittelweſen zu ſchaffen zwiſchen dem unnahbaren Gott und der Menſchenwelt, reichen Anklang fanden.

Man kann dieſe Einflüſſe ſchon verfolgen im Buche Daniel, das in der hebräiſchen Bibel nicht unter den Propheten ſteht und das etwa um 170 v. Chriſtus, in und um die Zeit des religiöſen Druckes durch Antiochos Epiphanes entſtanden iſt. Ein Prophet der ſpätern Zeit benutzte die Volksgeſchichte des in der babyloniſchen Gefangenſchaft lebenden Dulders Daniel, um ſeinen Zeitgenoſſen Muth einzuflößen. Schon in dem erſten, erzählenden Theil treten Engel auf. Ein Engel ſteht an der Seite der drei Freunde Daniels im Feuerofen und hält ihnen die Flammen ab. Einen Engel ſendet Gott, um den Löwen den Rachen zuzuhalten, als Daniel in die Löwengrube geworfen wird. Zu gleicher Zeit erſcheinen in dieſem Buche beſtimmte Namen von Engeln, während die frühere Zeit nur einen Unterſchied in der Funktion der Engel macht. Der Engel Gabriel, der ſpäter beſonders im Neuen Teſtament Verwendung findet, erhält den Befehl, dem Daniel die Geſchichte von den drei Thieren und den Hörnern zu deuten (8, 16); er wird geſchildert, daſtehend wie ein Mann, in Linnen, dem Kleid der Prieſter, gekleidet und ſeine Lenden umgürtet mit Gold, ſein Angeſicht wie der Blitz, ſeine Augen wie Feuerflammen, ſeine Arme wie von geglättetem Erze und der Schall ſeiner Rede wie der Schall von Volksgetümmel (10, 5, 6). Es iſt dann die Rede von beſondern Schutzgöttern der Nationen. Der Engelfürſt von Perſien und von Griechenland widerſtehen Gabriel inbetreff Judas, aber der Schutzfürſt der Juden, Michael, kommt Gabriel zu Hilfe und ſo ſiegen im Rathe des Himmels die Entſchlüſſe zu Gunſten des heiligen Volkes (10, 12—14). Er iſt es auch, der Israel in der großen Trübſal, die kommt, vertritt (12, 1). Die Zahl der Engel ſind Myriaden, denn dem Alten auf dem Thron dienen tauſendmal Tauſende und Myriaden mal Myriaden ſtehen vor ihm; ſie halten Gericht und die Bücher werden aufgethan und das Horn mit ver=

messenen Reben wird in den Feuerstrom geworfen, der vom Alten auf dem Throne ausgeht (7, 10. 11).

Noch mehr ist dieser persisch-griechische Einfluß sichtbar in den sogen. Apokryphen, welche zum ersten Mal in der in Aegypten entstandenen griechischen Uebersetzung des Alten Testaments sich finden.

Für unsern Zweck kommen in Betracht: das Buch Tobit, die Weisheit Salomos und die Zusätze zu Daniel; ihrer Entstehung nach fallen sie in die Zeit von 150—50 vor Christus.

In dem Buch Tobit, einem reizenden Familiengemälde eines Frommen aus der assyrischen Gefangenschaft, tritt zu den bisherigen Engelnamen noch ein weiterer, Raphael, hinzu. Er begleitet den Sohn des Tobias auf seinen Reisen und „der Hund des Jünglings war bei ihnen". Als sie an den Tigris kamen, wollte der Jüngling baden; da sprang ein Fisch hervor aus dem Flusse und wollte ihn verschlingen, Raphael aber sprach: Fasse den Fisch, und der Jüngling that es und warf ihn ans Land und nahm auf Befehl des Engels das Herz und die Leber und die Galle heraus und bewahrte sie auf; den Fisch aber brieten sie und aßen ihn. Nachher erläutert Raphael dem Jüngling die Bedeutung dieser drei Dinge; das Herz und die Leber dienen dazu: wenn ein Dämon oder böser Geist Jemanden beunruhige, so müsse man damit räuchern. Die Galle sei gut, wenn Jemand weiße Flecken in den Augen habe; man müsse die Augen mit der Galle bestreichen und die Augen würden heil (Cap. 61).

Nun kamen sie zu einem Verwandten in Ektabana Namens Raguel; derselbe hatte eine Tochter Sara; um diese hatten sich schon sieben Männer beworben, aber in der Brautnacht wurden sie von dem bösen Geist Asmodi getödtet. Er that sonst niemandem etwas zu leid; aber er liebte das Mädchen (6, 14).

Ueber dieses Schicksal wurde Sara sehr traurig, sie wurde von den Mägden verspottet und dachte daran sich zu erhängen; unterließ es aber sich ein Leid anzuthun aus Liebe zu den Eltern. Als nun der Sohn des Tobias und sein Begleiter ankamen, rieth Raphael dem Jüngling, das Mädchen zum Weibe zu verlangen und gab ihm das Mittel an, den Dämon unschädlich zu machen: in der Brautnacht solle er Räucherkohlen nehmen und vom Herzen und der Leber des Fisches drauf legen und beten, und wenn der Dämon es rieche, werde er entfliehen und nicht wiederkommen in alle Ewigkeit (6, 16). Schon hatte man das Grab für den Jüngling gegraben, aber er hatte den Rath des Engels befolgt und er ward gerettet. Als der Dämon den Geruch der Leber roch, da floh er in den obersten Theil Aegyptens und der Engel fesselte ihn (8, 3). Bei der Rückkehr in die Heimath eilte der Engel und der Jüngling voraus und der Hund ging hinter ihnen her und der Jüngling nahm die Fischgalle auf des Engels Rath und bestrich die Augen des erblindeten Tobit und dieser wurde sehend.

Am Schlusse gibt sich der Begleiter zu erkennen: „Ich bin Raphael, einer von den sieben Engeln, welche die Gebete der Heiligen überbringen und hineintreten vor die Herrlichkeit des Heiligen. Nicht aus eigener Gunst, sondern auf Befehl unseres Gottes bin ich gekommen. Alle Tage bin ich euch (bloß) erschienen und habe weder gegessen noch getrunken, sondern ihr habt ein Gesicht geschauet. Und nun danket Gott, denn ich gehe wieder hinauf zu dem, der mich gesandt (12, 15 ꝛc.)." Es unterliegt keinem Zweifel, daß wir es hier mit persischen Vorstellungen zu thun haben, die in den jüdischen Volksglauben eingedrungen sind. Asmodi ist der persische Deva Aeschma und Herz und Leber des Fisches sind genau die Mittel, mit welchen man die Deva's vertrieb*). Auch das Gefesseltwerden des Dämons durch Raphael ist ein fremder, späterer Zug. Charakteristisch für die Engellehre ist gleichfalls als Ausdruck einer spätern Zeit die Vorstellung von den sieben heiligen Engeln, die vor die Herrlichkeit Gottes treten, entsprechend den sieben Fürsten, die den persischen Groß-König umgeben und den persischen guten Gott, den Auramazda, den Beherrscher des Lichtreiches. Bezeichnend ist auch die Bemerkung Raphaels: ich habe weder gegessen noch getrunken, während die alten Urkunden die Engel ohne weiteres essen und trinken lassen (1. Mos. 18, 8; 19, 3 u. s. w.).

---

*) Vergl. Dillmann bei Schenkel, Biblisches Wörterbuch IV. 477 und Kohut über die jüdische Angelologie und Dämonologie in ihrer Abhängigkeit vom Parsismus. (Abhandlungen der deutschen morgenl. Gesellschaft IV. Band Nr. 3, Leipzig 1866.)

Im Mittelalter wurde mit der Hinweisung auf den in Sarah verliebten Deva Asmodi die Vorstellung vom geschlechtlichen Verkehr der Dämonen mit den Frauen gestützt.

In dem schönen Buche der Weisheit, das würdig wäre den kanonischen Schriften einverleibt zu werden, ist für unsern Gegenstand die schon unter a. berührte Stelle 2, 23 und 24 von Bedeutung. In der Schilderung der Gottlosen heißt es, daß sie die Geheimnisse Gottes über den Menschen und seine Bestimmung nicht erkennen und sie leugnen: „denn Gott hat den Menschen geschaffen zur Unvergänglichkeit und ihn gemacht zum Bilde seines Wesens. Aber durch den Neid des Teufels ist der Tod in die Welt gekommen und ihn erfahren, die ihm angehören". Die Stelle ist nach zwei Seiten hin merkwürdig. Einmal behauptet sie, der Mensch sei zur Unvergänglichkeit, d. h. zum Nichtsterben geschaffen worden; während umgekehrt aus 1. Mos. 3, 19 erhellt, daß der Mensch von Anfang an als Staub wieder zu Staub werden soll, aber allerdings im Lebensbaum das Mittel zu ewiger Jugend zu haben schien (1. Mos. 3, 22). Die Vorstellung wird von da an herrschend und geht auch in das Neue Testament über, allerdings mit der tiefern Bedeutung, daß unter Tod das gesammte Verderben der Sünde verstanden ist (Röm. 5, 12; 1. Kor. 15, 21).

Dann wird als Ursache des Todes der Neid des Teufels angegeben. Es ist zweifelhaft, ob auf den biblischen Sündenfall angespielt und vorausgesetzt ist, daß hinter der Schlange der Teufel thätig war und sie in irgend einer Weise als sein Werkzeug gedacht wurde. Doch liegt ein Fortschritt in der Vorstellung vom Satan darin; der Satan ist jetzt ein moralisch böser Geist geworden, der schon vor den Menschen als solcher da war und schon bei der Verführung der Menschen die Hand im Spiel hatte. Und gerade die zufällige Art, wie diese Vorstellungen absichtslos eingeführt sind, zeigt, daß sie fremdem Einfluß entstammen.

Aus den Zusätzen zu Daniel sei noch eine für die Engelvorstellung merkwürdige Stelle erwähnt. „Als Daniel in der Löwengrube war, da gebot der Engel des Herrn einem Propheten, Habakuk in Juda, der sich ein Gemüse gekocht hatte mit Brod: Bringe die Speise nach Babylon zu Daniel. Habakuk aber sprach: Herr, Babylon habe ich nie gesehen und die Löwengrube kenne ich nicht. Da faſſete ihn der Engel des Herrn bei dem Scheitel und trug ihn an ſeinem Haupthaar und brachte ihn nach Babylon an die Löwengrube im Sauſen des Windes. Und Daniel ſtand auf und aß und alsdann verſetzte der Engel des Herrn ihn alsbald wieder an ſeinen Ort." — Die Stelle wurde im Mittelalter, da man den böſen Engeln dieſelbe Geſchicklichkeit zuſchrieb, wie den guten, verwendet, um den Luftflug der Zauberer und Hexen als möglich aufzuzeigen*).

Allein auch in den apokryphiſchen Schriften beſchränkt ſich die Dämonenvorſtellung noch auf die einfachſten Elemente; ſie iſt nur zufällig und nebenher erwähnt und tritt gegenüber dem andern Inhalt dieſer Bücher gänzlich in den Hintergrund. Anders verhält es ſich mit einer Schrift, die etwa ein halbes Jahrhundert nach Tobit und dem Buch der Weisheit entſtanden iſt, die alſo nahe an die chriſtliche Zeit reicht. Wir meinen das wiederholt erwähnte Buch Henoch. Man darf ohne weiteres ſagen: das Buch Henoch hat den jüdiſch-chriſtlichen Teufel geſchaffen; es hat die abenteuerlichen Vorſtellungen aufgebracht von einem Fall der Engel, von

---

*) Wir geben hier einige Sätze aus der vorhin genannten Abhandlung von Dr. Alex. Kohut über die jüdiſche Angelologie und Dämonologie in ihrer Abhängigkeit vom Parſismus wieder. „Es ſteht feſt, daß die Juden bald nach ihrer (erſten) Deportation (720 v. Chr.) ſich über die Grenzen Meſopotamiens und Aſſyriens nach Perſien ausbreiteten. — Nun fällt ungefähr in die Zeit, während welcher die Juden in Perſien und Medien ſich aufhielten, die Blüthe der zarathuſtriſchen Religion. — Die lokalen und die chronologiſchen Data ſtimmen zu der Behauptung überein, daß die Exulanten in ihren Wohnſitzen manches von der zoroaſtriſchen Religion angenommen haben, beiſpielsweiſe die innere Oekonomie der Hölle, vorzüglich aber die Vorſtellungen über die Genien. — Die ſieben perſiſchen Himmelsfürſten (Ameshaspends) ſtimmen nicht bloß zufällig, ſondern auch etymologiſch mit den jüdiſchen Engel-Fürſten im Daniel (4, 10. 14. 20; 8, 13) überein; denn das perſiſche Wort heißt „der nicht ſchlafende (wachende) Heilige" und „heilige Wächter" iſt die Bezeichnung im Buch Daniel. (Wächter für Engel allgemein in Henoch.) — Michael (Wer iſt wie Gott?), Gabriel (Macht Gottes), Uriel (Glanz Gottes), Rafael (Heil Gottes), die vier Thronengel entſprechen theilweiſe etymologiſch, vornehmlich aber geiſtig, ſachlich und begrifflich vier Genien Perſiens. — Der Satan — Samael — wenn er auch nicht wie der perſiſche Ahriman von Anfang an ein böſes Princip iſt, hat dieſelben Funktionen wie dieſer und iſt bei den Rabbinen auch Todesengel. — Wer möchte noch bezweifeln, daß der Aeſchmadai (Asmodi) des Buches Tobit der perſiſche Aeshma ſei. — Auch Lilith iſt das Abbild eines perſiſchen weiblichen Deva".

ihrer Verstoßung aus dem Himmel, ihrer Bindung im Abgrund und ihrer Aufbewahrung zum Endgericht, von denen weder Moses noch die Propheten, noch das ganze Alte Testament etwas weiß und die später als Volksvorstellung auch in das Neue Testament übergingen und seitdem von den Theologen festgehalten werden*).

Henoch, einer der Urväter, war nach der alten Ueberlieferung (1. Mos. 5, 24—29) der Vater des ältesten Menschen Methusalah und der Urgroßvater Noahs. Nach den Worten der Schrift nahm ihn, der in der beginnenden argen Welt ein göttliches Leben führte, Gott unerwartet hinweg; daraus bildete sich die spätere Zeit die Sage von der Himmelfahrt des Henoch und unser Buch läßt ihn im Geiste durch Himmel und Erde wandeln und außerordentliche Dinge schauen, die er niederschreibt. Henoch sieht die Wunder des Himmels, Sonne, Mond und Sterne und ihre Bahnen und Bewegungen, vornehmlich aber die über die Frommen kommenden Drangsale und Gerichte, die endliche Vernichtung der Gottlosen, die Herrschaft der Gerechten und die Verwandlung von Himmel und Erde.

Das Buch berührt sich darnach mit den Visionen Daniels, nur daß dieser Prophet rückwärts schaut; es führt dessen Ideen über das Reich des Messias, das Strafgericht der Gottlosen und den Sieg der Gerechten weiter und malt das Gericht und die Herrlichkeit der Gerechten im Einzelnen aus und bietet so die Ideen, Bilder und Vorstellungen für das um ein Jahrhundert spätere Buch, die Offenbarung Johannes.

In seiner vorausschauenden Geschichtsphilosophie knüpft nun Henoch an das erste große Strafgericht an, das über die verderbte Welt kommen soll, d. h. gekommen ist, an die Sintflut.

Er nimmt dabei die Ideen des zweiten Erzählers in 1. Mos. 6, 1—6 auf, nach welchem die Bosheit der Menschen groß war dadurch, daß die Söhne Gottes, die Engel, zu den schönen Töchtern der Erde sich gesellten, wodurch die Riesen entstanden und aus diesen wieder die Helden, die von Alters her Männer des Ruhmes waren und Großes und Gewaltthätiges vollbrachten. Wie wir

---

*) Ueber das Buch Henoch vergleiche Dillmann: Das Buch Henoch übersetzt und erklärt, Leipzig 1853.

früher schon ausführten, liegt in der schlichten biblischen Erzählung keine Andeutung, daß diese Gottessöhne deshalb mit Gott sich entzweit hätten und vom Himmel verstoßen worden wären. Auch das ganze Alte Testament, einschließlich selbst des Daniel, ja der apokryphischen Schriften der Weisheit und des Tobias wissen nichts hiervon.

Das Buch Henoch aber liebt es, gerade dieses Unterfangen bis ins Einzelne zu schildern. Wir haben schon oben bei der Erklärung von 1. Mos. 6, 1—3 einen Auszug aus der Schilderung über den Entschluß von 200 Engeln, sich mit den Töchtern der Erde zu verbinden, gegeben und wollen nun die Folgen dieser Verbindung und noch Weiteres, unserm Zwecke Entsprechendes aus dem merkwürdigen Buche mittheilen*).

Die gefallenen Engel bereuen tief ihren Frevel und lassen durch Henoch eine Bittschrift aufsetzen um Gnade und Verzeihung. Aber in einer Offenbarung erhält Henoch den Auftrag: Gehe und sage zu den Wächtern des Himmels, d. h. eben zu diesen Engeln: Während ihr doch geistig heilig, im Genusse des ewigen Lebens waret, habt ihr euch an den Weibern verunreinigt und Fleisch und Blut hervorgebracht, wie jene hervorbringen, die sterblich und vergänglich sind. Für euch habe ich keine Weiber gemacht, denn die Geistigen haben im Himmel ihre Wohnung. Darum werden die Riesen, die aus Körper und Fleisch gezeugt sind, böse Geister genannt werden auf der Erde und auf der Erde wird ihre Wohnung sein und auch aus ihren Leibern gehen böse Wesen hervor und sie werden böse Geister sein auf Erden. Und während die Geister des Himmels ihre Wohnung im Himmel haben, so werden die Geister der Erde auf der Erde sein. Die Geister der Riesen, welche auf die Wolken sich stürzen, werden herabstürzen und Gewaltthat üben auf Erden und Unheil stiften (Cap. 15). Ihnen allen soll keine Vergebung sein.

Hier ist also eine zweite Klasse von bösen Geistern. Nicht bloß die 200 Engel sind solche geworden, sondern auch die durch sie erzeugten Wesen sind Dämonen, die die Menschen plagen.

---

*) Das Buch Henoch weiß sogar die Namen der Obersten der Engel, neben Semjaza, Urakibarsmell, Akibul, Tamiel, Asaël, Ramuel u. s. w. (Cap. 6 und 69).

Aber das Buch Henoch weiß noch von einer andern Art von bösen Engeln.

Schon im Hiob, Sacharja und Chronika ist uns unter den Engeln, die vor Gottes Thron Zutritt haben, der Ankläger oder Widersacher (Satan) begegnet. Er hat in den genannten Schriften noch einen harmlosen Charakter, aber bei Sacharja ist er doch schon der Ankläger der Frommen geworden, der die Schwächen derselben ausspürt und der in der Chronika sogar zum Bösen reizt.

Diese Vorstellung wird nun im Buche Henoch erweitert und gesteigert, der Satan tritt als Ankläger immer noch vor Gottes Thron, aber er scheint sich aus der Anklage ein Geschäft gemacht zu haben, denn Henoch erfährt in seinen Gesichten ausdrücklich, daß unter den vier Hauptengeln, Fanuel, der über die Buße und die Hoffnung derer gesetzt ist, die das ewige Leben ererben, auch dazu bestimmt ist, die Widersacher (Satane) abzuwehren und ihnen nicht zu gestatten, vor „den Herrn der Geister" zu treten, um die Menschen zu verklagen (Cap. 40).

In Verbindung mit dieser Vorstellung steht dann die andere, auch schon im Alten Testament angedeutete, von den Straf- und Gerichtsengeln. Nach dem Buche Henoch bereiten sie dem Satan die Werkzeuge, mit denen im Endgericht die Könige und Mächtigen dieser Erde vernichtet werden sollen (Cap. 53). Solche Werkzeuge, eiserne Ketten von unermeßlichem Gewicht, werden auch für die gefallenen Engel, die Schaaren des Azazel bereitet, um sie zu nehmen und in die unterste Hölle zu legen, in den Ofen von flammendem Feuer, wobei die vier Engel des Angesichts Michael, Gabriel, Rafael und Fanuel diese Unglücklichen packen und hinabstoßen und mit rauhen Steinen ihre Kinnbacken bedecken.

Es gibt ganze Heerschaaren solcher Strafengel, die Fesseln von Eisen und Erz tragen, auch für die, die durch sie verführt worden sind, ihre Freunde, die gleichfalls in die tiefe Kluft des Thales geworfen werden (Cap. 56). Die Strafengel sind es, welche am großen Gerichtstage die vor dem Angesicht Gottes verstoßenen und verurtheilten Sünder in Empfang nehmen, die Mächtigen der Erde, um Vergeltung zu üben dafür, daß sie die Kinder des Höchsten und seine Auserwählten mißhandelt haben (62). Sie sind es auch, welche alle Kräfte des Wassers, das unten auf der Erde ist, loslassen, um die Erde zu verderben (66).

Darnach unterliegt es keinem Zweifel, daß die Strafengel die Diener des Satans sind und er ihr Führer und Oberster ist. Der vereinzelte Ankläger im Rathe Gottes, nach Hiob und Sacharja, ist nun zu einem Herrn von Tausenden geworden, die seiner Befehle harren. Sie klagen nicht bloß die Menschen an und verdächtigen sie vor Gott, sondern sie verführen und verleiten sie zu Bösem und mit Freude und Wonne nehmen sie dann die von Gottes Gericht verurtheilten Sünder in Empfang, um an ihnen die Strafen zu vollziehen und sie mit ewiger Pein zu quälen; sie sind also nicht bloß die Ankläger, sondern auch die Henker im Dienste Jehovas.

Und eben das macht ihren Unterschied von den gefallenen Engeln und deren Nachkommen, den Dämonen, aus. Diese Engel haben auch die Menschen verführt und sie schlimme Künste gelehrt; allein sie sind gebunden, unter die Erde versenkt und dürfen sich nicht mehr vor Gottes Angesicht sehen lassen.

Das Buch Henoch hat demnach drei Klassen von bösen Geistern. Erstens die zweihundert Göttersöhne, die mit den Töchtern der Erde Verbindungen eingingen und die in die Finsterniß verstoßen und mit Ketten gebunden zum Endgericht aufbewahrt sind. Zweitens deren Söhne, die als Dämonen in der Luft und in der Nähe der Erde und der Menschen hausen und Unheil und Verderben unter die Menschen bringen. Drittens die Satane, die Teufel im eigentlichen Sinne, die als Göttersöhne ursprünglich, wie in Hiob, Sacharja und Chronika, als Ankläger zum Hofstaat des Himmels gehörten, aber zugleich zu Anstiftern von Verbrechen und zu Verführern der Menschen geworden sind und als drittes Geschäft die Strafen an den von Gott Verurtheilten vollziehen.

Ihnen zur Seite stehen als Helfer eine Menge Untergeister, die aus den Unglücksengeln entstanden sind und deren Aufgabe ist, die verurtheilten Sünder zu quälen und zu peinigen. Diese Satane sind dem Rang nach die ersten.

So groß der Fortschritt in den dämonologischen Vorstellungen des Buches Henoch gegenüber Hiob und Sacharja ist, so scheidet

Henoch doch noch bestimmt die gefallenen Engel, die Dämonen und die Satane von einander, während im mittelalterlichen kirchlich-dogmatischen Teufel diese drei Vorstellungskreise vermischt und durch einander geworfen sind. Auch das Neue Testament hält, wie wir sehen werden, diese Unterschiede noch fest. Noch eine andere Seite ist hervorzuheben. Im Buche Henoch finden sich schon Andeutungen, als ob Satan schon von Anfang an zum Hofstaat Gottes gehörte und damals schon sein Geschäft des Anklagens und Verführens betrieben hätte. Denn Cap. 54 heißt es von den gefallenen Engeln: Azazel und seine Schaaren werden in den flammenden Feuerofen geworfen, da sie dem Satan unterthänig wurden und verführten, die auf Erden waren. Im Buche Weisheit ist uns bekanntlich die Vorstellung von der Thätigkeit des Teufels schon bei der Verführung Adams und Evas begegnet, mit der also das Buch Henoch zusammenträfe. Die spätere mittelalterliche Vorstellung geht auch hier weiter und läßt, den Fall der zweihundert Engel und die Thätigkeit des Satans vermischend, diesen in vorzeitlichen Regionen von Gott sich losreißen, beziehungsweise überträgt den Fall der zweihundert Engel auf den Satan.

Noch sei aus dem Buche Henoch die merkwürdige Vorstellung von den ungehorsamen, gefallenen Sternen erwähnt: „Und ich sah über jener Kluft den Ort, der keine Himmelsfeste über sich und keinen Grund der Erde unter sich hatte .. ein wüster Ort war es. Und entsetzlich war, was ich dort sah, sieben Sterne, wie große brennende Berge und wie Geister, die mich baten. Und der Engel sprach: Dies ist der Ort, wo Himmel und Erde zu Ende sind; zu einem Gefängniß dient dieser für die Sterne des Himmels. Und die Sterne, welche über dem Feuer rollen, das sind die, welche den Befehl Gottes übertreten haben vor ihrem Aufgang, weil sie nicht in ihrer bestimmten Zeit gekommen sind. Und er ward zornig über sie und band sie bis auf die Zeit, da ihre Schuld verhandelt wird im Jahre des Geheimnisses" (Cap. 18). Die Vorstellung ruht darauf, daß die Sterne als beseelte Wesen gedacht wurden, die sich für und gegen die göttliche Ordnung entscheiden konnten. Sie hat ihre Anknüpfungspunkte im Alten Testamente, wo öfter Sterne und Engel mit einander vermischt werden und auch von den Sternen es heißt: sie sind nicht rein vor seinen Augen (Hiob

25, 5). Bilder wie Hiob 38, 7 „als allzumal die Morgensterne jubelten und jauchzten alle Gottessöhne", ursprünglich mehr dichterisch gedacht, wurden später buchstäblich und real genommen. Die Vorstellung wird uns im Neuen Testament wieder begegnen. Die ungehorsamen Sterne sind eigentlich eine neue Sorte von bösen Geistern, aber gebunden bis zum Endgericht und daher unschädlich.

Diese Vorstellungen des Buches Henoch wurden nun weiter verbreitet und vielfach erweitert in einer ganzen Literatur, aus der besonders das Buch der Jubiläen, die Himmelfahrt Mosis, die Himmelfahrt des Jesaja, das vierte Buch Esra und das Testament der zwölf Patriarchen für unsern Gegenstand von Bedeutung sind. Diese Schriften gehören sämmtlich den letzten Jahrzehnten vor Christus oder dem ersten Jahrhundert nach Christus an[*]).

Alle sind sogenannte apokalyptische Schriften, d. h. sie stellen zum Troste der Frommen Berechnungen an im Sinne des Buches Daniel und Henoch, wann das Gericht über die Gottlosen, die Verfolger Israels hereinbricht und alle Feinde Gottes, sammt Satan und seinen Engeln der Verdammniß überliefert werden.

Die Zahl der Engel und Dämonen ist in diesen Schriften erweitert und man überträgt nach griechischer Weise die Begriffe Dämon, Engel oder Geist immer mehr auf die leblosen Dinge. Im Buch der Jubiläen ist von den Engeln des Feuergeistes, des Windgeistes, des Wassergeistes, den Geistern der Kälte und Hitze, des Frühlings, Sommers, Herbsts und Winters u. s. w. die Rede. Selbst abstrakte Begriffe erhalten mitunter ihre Engel, Engel der Macht, Engel des Friedens.

Die schon im Buche Tobias angedeutete Vorstellung von den sieben Thronengeln, von denen sechs im Buche Henoch mit Namen genannt sind, wird weiter ausgebildet; von diesen werden nun wieder vier Erzengel unterschieden als die obersten Engel, denen die Wachsamkeit bei der Weltregierung übertragen wurde.

---

[*]) Vgl. Dr. Joseph Langen: Das Judenthum in Palästina zur Zeit Christi. Freiburg, Herder 1866, und Gförer: Geschichte des Urchristenthums. Erster Theil, das Jahrhundert des Heils I. S. 64 ꝛc. (Stuttgart 1838).

Auch die Macht der bösen Geister wird ausgedehnt, sie hausen in der Luft, sie stürzen sich unsichtbar auf die Erde, ihre Macht erstreckt sich selbst auf der Menschen Gedanken. (Buch der Jubiläen.) Auch von ihnen ist, wie wir sehen werden, eine Reihe von Vorstellungen in das Neue Testament übergegangen.

Ins Abenteuerliche wurde die Engel- und Dämonenlehre erweitert von den gelehrten Rabbinen im Talmud und in den sog. Targumim-Uebersetzungen und Erklärungen der Bibel ins Aramäische. Durch eine seltsame willkürliche und phantastische Bibelauslegung wurden die in der Zeit liegenden, aus persischen und griechischen Einflüssen eingedrungenen Vorstellungen allenthalben an Bibelstellen angelehnt und erweitert und dadurch durch das ganze Alte Testament die Vorstellungen von Engeln und Dämonen gefunden und als geheime Weisheit ausgekramt*).

Da das Alte Testament nichts über die Erschaffung der Engel sagt, so wurde überlegt, an welchem der Schöpfungstage sie geschaffen worden seien. Die meisten Rabbinen nahmen an, sie seien am zweiten Tage erschaffen; denn an diesem Tage habe Gott das Firmament gebildet und in Psalm 104, 3, und 4 heiße es, du wölbest oben den Himmel ... und machest deine Engel zu Winden. Rabbi Chanina aber meinte, die Engel seien am fünften Tage geschaffen, da sei das Gevögel des Himmels erschaffen worden und Jes. 6, 2 heiße es von den Seraphim: mit zwei Flügeln flogen sie ... Aus dem Spruch (Psalm 85, 11) Güte und Wahrheit treten einander entgegen, Gerechtigkeit und Friede küssen sich, wurde geschlossen, daß ein Theil der Engel der Erschaffung des Menschen entgegen war; die Güte sagte: der Mensch soll erschaffen werden; die Wahrheit sagte: nein, denn er wird voll Lügen sein. Die Gerechtigkeit sprach: er soll erschaffen werden, der Friede aber sprach: nein, denn er wird die Erde mit Zank füllen.

Die Aeußerung Raphaels im Buche Tobit, daß die Engel nicht wirklich essen und trinken, wird auf die Engelerscheinungen

---

*) Vergl. hierüber Joh. Andreas Eisenmengers, Professors zu Heidelberg, Entdecktes Judenthum. 2 Bände. Königsberg 1711.

des ganzen Alten Testamentes ausgedehnt; sie aßen nur scheinbar*) (1. Mos. 18, 8).

Vor allem aber flocht man die Engel in jede bedeutende Handlung im Alten Testamente ein und gab den Weisen und Propheten Engel als Lehrer. Abraham wurde von einem Engel in der hebräischen Sprache unterrichtet; Gabriel unterrichtete Joseph in den 70 Sprachen der Welt; selbst Adam hatte seinen Lehrmeister und vornehmlich Moses; die Rabbinen wissen genau die Namen anzugeben. Man dachte sich Gott als den Oberrabbiner des Himmels, sah in dem jüdischen Lehrstande das Urbild menschlicher Vollkommenheit, und so wurden die Engel zu Rabbinen gemacht und der Himmel mit Schulen bevölkert**).

Auch über die bösen Engel phantasirte man ausgiebig. Eine Hauptfrage war, wann und wie und wodurch gab es böse Engel? Der Fall der Engel (1. Mos. 6, 1—4) fand nach den Rabbinen im Jahre 1170 der Welt statt. Die Stelle im Buche der Weisheit läßt bekanntlich Satan schon am Anfang des Menschengeschlechts thätig sein; aus Neid brachte er den Tod in die Welt. Nun wurde von den Rabbinen gefragt, worin bestand der Neid der Engel auf Adam? Nach Einigen darin, daß Adam den Thieren Namen geben durfte; nach Andern hätte Gott den Engeln befohlen, Adam zu bedienen und zu verehren. Da hätten die Engel einen Rath gehalten und Samael habe sich an das listigste Thier, die Schlange, gewandt, sei auf ihr auf die Erde geritten und habe Adam und Eva zur Sünde verführt. Nach andern Rabbinen sei es so zugegangen; Samael sagte zu Gott: Herr der Welt! uns hast du aus dem Glanze deiner Herrlichkeit geschaffen, diesen aber aus Erdenstaub und ihn sollen wir verehren? Da sagte Gott: dennoch ist in ihm mehr Weisheit und Einsicht als in dir! Und weil er nicht gehorchen wollte, stieß er Samael vom Himmel auf die Erde und er wurde Satan. Darauf ziele auch Jes. 14, 12:

---

*) Ueber das Essen der Engel und Teufel und auch des auferstandenen Christus vergleiche die Phantasien des Hexenhammers bei Längin, Religion und Hexenprozeß. S. 48.

**) Wir folgen hier und in den nächsten Mittheilungen Gförer: Geschichte des Urchristenthums, I. das Jahrhundert des Heils, I. S. 352—423.

Wie bist du vom Himmel gefallen, du Sohn der Morgenröthe? Diese Vorstellung nahmen die Kirchenväter Tertullian, Origines und andere auf und so ging sie in die christliche Kirche über. Es erhellt auch, daß mit dem Neid der Hochmuth sich verband, Samael wollte Gott gleich sein und das war ein zweites Motiv seines Ungehorsams.

Bei dieser Gelegenheit werden dem Satan die Namen Schlange, alte Schlange, verführerische Schlange gegeben, alter Drache, wie sie auch Offenb. 12, 9; 14, 15; 20, 2 vorkommen. In der Himmelfahrt des Jesaja und in den ältesten Werken der Sibyllinen heißt er Beliar; bei den Rabbinen meist Samael nach dem Buche Henoch; hingegen kommt der Ausdruck Beelzebul bei den Rabbinen nicht vor*).

Die Rabbinen im Talmud sind es auch gewesen, welche die ekelhafte Vorstellung von den Buhlteufeln näher entwickelten, die durch das ganze Mittelalter und besonders in den Hexenprozessen eine so entsetzliche Rolle spielt.

Die Geister, lehrte man, die am Anfang der Schöpfung fielen, waren sehr wollüstig. Es gab unter ihnen Teufel und Teufelinnen; jene verführten Eva, diese Adam. Als Kain den Abel erschlagen hatte, sonderte sich Adam von Eva ab, da kamen zwei Teufelinnen und gesellten sich zu ihm, die eine Naama, die andere Lilith. Umgekehrt verbanden sich Teufel, unter ihnen sogar der Fürst derselben, Samael, mit Eva. Aus diesen Verbindungen ging dann ein Geschlecht von Teufeln, Teufelinnen und Nachtgespenstern hervor, die unter der Oberherrschaft des aus dem Buche Tobit bekannten Asmodi, dem man als Fürst der Buhlteufel eine häßliche Rolle bei den vielen Weibern Salomo's spielen läßt, entstanden. Man lehnte auch diese Vorstellungen an Bibelstellen an. Heißt nicht 1. Mos. 3, 20 Eva eine Mutter alles Lebendigen? das heißt eben alles Lebenden, auch der Teufel. Und heißt es nicht von Adam, er war 135 Jahre alt

---

*) Beelzebul, wörtlich Herr der Wohnung, zugleich Anklang an das hebräische Sebul, Koth, Dünger, soviel wie der Kothgott, und dieses vermuthlich wieder eine Verdrehung von Beelzebub, wie auch manche Handschriften haben. So heißt 2. Könige 1, 2 einer der Kananitischen Baal. (Merz in Schenkels Bibellexikon unter Baal.)

und zeugte einen Sohn nach seinem Bilde (1. Mos. 5, 3). Hieraus folgt, daß er bis auf diese Zeit nicht nach seinem Bilde gezeugt habe. Das eben waren Dämonen; seine Frau war dabei die aus Jes. 34, 14 bekannte Lilith. Nach einer andern Vorstellung war Lilith die erste Frau Adams und erst nachher gab ihm Gott die Eva aus seinem eigenen Fleisch gebildet*).

Es liegt auf der Hand, daß uns diese jüdischen Fabeleien nichts angehen, obwol einzelne Vorstellungen in das Neue Testament und noch mehr in die kirchliche Dogmatik übergegangen sind. Sie sind Zeittheologie und nicht etwa eine Verbesserung oder religiöse Weiterführung alttestamentlicher Ideen, sondern ekelhafte, widerliche, einem verkommenen Gelehrtenthum entsprossene Phantastereien.

Allein in derselben Periode nach der babylonischen Gefangenschaft bis zu Christus bildete sich noch eine andere Vorstellung aus, die als eine Hauptquelle des Dämonenglaubens bezeichnet werden muß.

Es ist ein Gesetz, das sich durch die ganze Religions- und Culturgeschichte verfolgen läßt, daß die guten Götter eines Volkes, dem von einem andern, erobernden Volke ein neues Religionssystem aufgedrängt wird oder das sonst zu einer höhern Cultur fortschreitet, zu bösen Geistern und Dämonen herabsinken. So wurden die guten Götter der alten Indier zu bösen Geistern und der ursprüngliche Name für die lichte Gottheit, div (hellleuchtend) wird Bezeichnung für die bösen Mächte (dews die bösen Genien).

Aehnlich erging es den Göttern der Griechen und Römer im Christenthum: sie wurden, selbst eine Venus, zu Teufeln und Teufelinnen. Die Apologeten des Christenthums im zweiten und dritten Jahrhundert und nach ihnen die Kirchenväter leugnen die von der Priesterschaft behaupteten und vom Volke geglaubten Wunder in den heidnischen Tempeln keineswegs; aber sie schreiben sie den Dämonen zu, zu denen die Götter in der christlichen Volksmeinung herabgesunken waren. Ein ähnliches Schicksal hatten auch die germanischen Götter; die freundliche lichte Berchta (berchta = glänzend) wird zum häßlichen Schreckgespenst der Kinder, und der gefeierte Wuodan wurde

---

*) Vergleiche hierüber Gförer, das Jahrhundert des Heils I. 397 ꝛc. und über Lilith oder Lilis, Eisenmenger, Entdecktes Judenthum I. 461 und II. 417 ꝛc. Lilis war vorher Samaels Frau, der mit ihr und drei andern die Dämonen erzeugte. Ueber Asmodi Kohut S. 72 ꝛc.

zum wilden Jäger oder zum Gespenst in den Burgruinen, der seinen Kopf unter dem Arme trägt u. s. w.

Eine ähnliche Entwicklung läßt sich auch innerhalb des Judenthums verfolgen.

Der jüdische Monotheismus schloß, wie schon unter a. dargelegt wurde, nicht aus, daß die „andern Götter" der Heiden auch als wirkliche wenn auch minder mächtige Wesen gegenüber Jehova betrachtet wurden. Die Propheten und unter ihnen der große Prophet aus der babylonischen Gefangenschaft (Jes. 40—66), betrachteten zwar die Götter der Heiden als Nichtse und machtlose Phantasiegestalten, von Menschen ersonnen. Allein daneben hält sich die alte Vorstellung fest, nur mit dem Unterschied, daß man die Heidengötter, deren ganzer Cultus ja feindselig dem Judenthum gegenüber stand, als böse Wesen, als Dämonen ansah.

Diese Vorstellung trat offen hervor in dem schon erwähnten Buch der Jubiläen und in den verwandten Schriften, wo der Abfall der Israeliten zu fremden Göttern als Dienst und Opferung an die Dämonen betrachtet wird*). Allein schon zur Zeit der Entstehung der griechischen Uebersetzung des Alten Testamentes scheint sie allgemein verbreitet gewesen zu sein. Denn es finden sich eine Reihe von Stellen, in denen diese Uebersetzung die hebräischen Ausdrücke, die Götze oder Aehnliches bedeuten, einfach mit Dämonen übersetzt, was dann Luther in den meisten Fällen ganz mißverständlich mit Teufel wiedergiebt.

So heißt es in Ps. 106, 37: „und sie opferten ihre Söhne und Töchter den Götzen", wo die griechische Uebersetzung „den Dämonen" und Luther „den Teufeln" übersetzt. Aehnlich 5. Mos. 32, 17: „sie haben den Dämonen (Luther: „Feldteufeln") geopfert", statt „den Götzen"; in Ps. 96, 5 wird selbst der Ausdruck „Elilim" („Nichtigkeiten, Nichtse") mit „Daimonion", „böses Wesen", übersetzt. Auch in Ps. 91, 6: „daß du nicht erschreckest vor der Seuche, die den Mittag verderbet", wird zu „Mittag" das Wort „dämonisch" eingefügt. Jes. 65, 11 wird selbst der bildliche Ausdruck: „die ihr der Glücksgöttin einen Tisch bereitet" von der griechischen Uebersetzung in einen Dämon verwandelt.

---

*) Langen, Das Judenthum in Palästina 329.

Es vollzieht sich hier derselbe Prozeß, der uns schon oben bei den Engeln und Mittelwesen begegnet ist: daß die Zeitideen auch auf die Vergangenheit übertragen werden. Es ist von hohem Interesse, den Wandlungen und Wendungen des religiösen Volksbewußtseins der Israeliten zu folgen; allein, daß diese durch fremde Ideen beeinflußten Gedankengänge für uns irgend eine moralische Verbindlichkeit haben sollten, wird kaum jemand behaupten wollen; ein Fortschritt im Gottesbewußtsein des jüdischen Volkes sind sie auch nicht zu nennen, sondern, sie sind umgekehrt ein Abfall vom reinen prophetischen Monotheismus, zum mindesten eine häßliche Verdunklung desselben. —

d) Gehen wir nun über zum Neuen Testament, so ist wiederholt darauf hingewiesen worden, wie die spätjüdischen Vorstellungen als Volksglaube in die Schriften des Neuen Testamentes eingedrungen sind: ihre Spuren lassen sich in allen nachweisen, in einzelnen spielen sie eine wichtige Rolle.

Wir beginnen mit der dritten Abtheilung, den sogenannten katholischen oder allgemeinen Briefen, Schriften, die wie der Jakobusbrief, der zweite und dritte Johannesbrief, der zweite Petrus- und der Judasbrief und die Offenbarung Johannes schon in der alten Kirche und wieder durch Luther in der Reformationszeit ihrem religiösen Werth nach erst in die zweite Linie, tief unter die Evangelien und die Paulinischen Briefe gestellt wurden; erst die des kritischen und historischen Sinnes baare orthodoxe Zeit des 17. und 18. Jahrhunderts hat sie den andern gleich geachtet.

Da führt der Jakobusbrief aus, um zu zeigen, daß der Glaube Werke haben müsse: „Du glaubst, daß Gott Einer ist? Du thust wohl daran; auch die Dämonen glauben und schaudern" (2, 19). Da geht nach dem 1. Petrusbrief (5, 8), der Teufel (diabolus) umher, wie ein brüllender Löwe und sucht, welchen er verschlinge.

Vor allem aber sind es der zweite Brief des Petrus, der Brief des Judas und die Offenbarung Johannes, in denen die niedern, massiven Volksvorstellungen vom Teufel einen weiten Raum gefunden haben. Um zu zeigen, welchem Gericht die Irrlehrer verfallen werden, erinnert der zweite Petrusbrief (2, 4) an die Engel, „die Gott, nachdem sie sündigten, nicht verschonte, sondern sie in den Tartarus verstoßend, finstern Höhlen übergab, um sie zum Gericht zu behalten".

Es unterliegt keinem Zweifel, daß wir hier eine Anspielung auf den Vorgang in 1. Mos. 6, 1—4 vor uns haben, aber in der Fassung, wie die Stelle im Buche Henoch ausgebeutet wurde: „die Engel werden verstoßen, sie werden mit Ketten festgebunden unter den Hügeln der Erde, um für das Endgericht aufbewahrt zu werden"*).
Dieselbe Hinweisung auf das Gericht über die Engel findet sich im Briefe des Judas (V. 6) als Warnung vor den Strafgerichten Gottes: „Auch die Engel, die ihre Würde nicht behauptet haben, sondern ihre Behausung verließen, hat er zum Gerichte des großen Tages mit unterirdischen Banden unter das Dunkel verwahrt"**). Es sind hier dieselben Züge wie im Petrusbrief, die Feßlung der Engel im Dunkel, die Behaltung zum Endgericht; neu ist das Verlassen ihrer Behausung, ganz nach dem Buche Henoch.

In V. 13 findet sich zur Charakterisirung der Irrlehrer die merkwürdige Bezeichnung: Irrsterne, denen der Finsterniß Dunkel in Ewigkeit aufbehalten ist. Es ist dieses nicht eine bloße Redensart, die im Nachsatz auf die dem Gericht geweihten Irrlehrer sich bezieht, sondern das Bild ist hergenommen von jener Vorstellung, die uns schon oben im Buche Henoch begegnete, von abgefallenen Sternen, die ja als Geister betrachtet wurden und die ähnlich wie Azazel und seine Schaar in der Finsterniß für das Endgericht aufbewahrt werden. In V. 14 ist dann das Buch Henoch selbst genannt: „Es hat aber von ihnen (den Irrlehrern) Henoch, der siebente, von Adam geweissagt: „Siehe, es kam der Herr mit seinen heiligen Myriaden, Gericht zu halten und zur Strafe zu ziehen alle Gottlosen."

---

*) aïdios hier nicht ewig, sondern von hades, unterirdisch. Die ewige Verurtheilung erfolgt erst am Endgericht. Spitta, der 2. Brief des Petrus und der Brief des Judas, Halle 1885, S. 327.

**) Vergleiche hierüber Näheres bei Spitta, S. 138 ꝛc. Je nach den Lesarten kann die Stelle auch heißen: „mit Ketten der Finsterniß zum Tartarus verstieß". Für unsern Zweck sind beide Uebersetzungen gleichbedeutend. Die fast wörtliche Benutzung Henochs ist unzweifelhaft. Mit Recht bemerkt Spitta, daß auch in der Hinweisung auf Noah in der Bezeichnung als Prediger der Gerechtigkeit (V. 5) und der Einäscherung Sodoms der Brief nicht dem biblischen, sondern einem spätjüdischen Bericht folgte.

Es ist dies die wiederholt erwähnte Vorstellung vom Endgericht. Die Stelle ist zugleich ein fast wörtliches Citat aus dem Buche Henoch; auch die Bezeichnung der siebente von Adam gehört dem Buche Henoch an*).

Noch interessanter ist eine andere Stelle in Vers 9. Um den Uebermuth und die Gottlosigkeit der Irrlehrer, die die Majestäten lästern, sich vor Gott und seinen Gesandten nicht fürchten, zu zeigen, fährt der Brief Judas fort: „Michael aber, der Erzengel, als er mit dem Teufel streitend Wortwechsel hatte wegen des Leichnams Mose, wagte nicht, das Urtheil der Lästerung auszustoßen, sondern sagte: „es strafe dich der Herr", d. h. selbst der Erzengel zog die Bosheit und Schändlichkeit der Gesinnung und Handlungsweise des Satans, wie er hätte thun dürfen, nicht an den Tag, sondern überließ das Gericht Gott.

Nach dem Urtheil der frühsten Kirchenväter, wie Origenes, stammt diese Stelle aus einer apokryphischen Schrift des ersten Jahrhunderts vor Christus, die Himmelfahrt (assumptio, ascensio) Moses, von der oben schon die Rede war**). In dieser Schrift ist viel die Rede von Michael und Moses. Michael ward von Jehova abgeschickt, um die Seele des Moses zu holen. Aber der Erzengel sagte: er ist mein Lehrjünger gewesen, ich kann ihn nicht sterben sehen. Nun schickte Gott den gottlosen Samael ab, denselben, der nach der einen Lesart des Buches Henoch der Anführer der vom Himmel auf die Erde steigenden Engel war (1. Mos. 6, 1—4). Dieser umgürtete sich mit dem Schwerte, machte ein grimmiges Gesicht, aber als er den Glanz Moses sah, erschrak er und bebte und zog unverrichteter Sache ab. Da kam nach einigen Zwischenverhandlungen der gebenedeiete Gott selbst vom obersten Himmel herab und bereitete Mose mit Hilfe von Michael und Gabriel das Grab***).

In der vorhandenen lateinischen Uebersetzung der Himmelfahrt Mose findet sich nun von einem solchen Streit um den Leichnam Moses nichts. Allerdings fehlt der Schluß und es ist anzunehmen,

---

*) Dillmann, Das Buch Henoch, Cap. I.
**) Siehe die Nachweise bei Spitta, S. 349.
***) Eisenmenger: Entdecktes Judenthum (1711) I. 858.

daß hier dieser Kampf Michaels mit dem Satan stand; vielleicht ist diese Notiz auch der Tradition und dem Volksglauben entnommen. Doch widerspricht dies der Anschauung der Kirchenväter, die ausdrücklich die Himmelfahrt Mose als Quelle bezeichnen.

Wie dem auch sein mag, wir haben es hier, wie in den andern Stellen, mit spätjüdischer Mythologie und rabbinischen Fabeleien zu thun, die für unser religiös-christliches Gewissen auch nicht die geringste Verbindlichkeit haben.

Zudem treten diese Vorstellungen im Neuen Testament nirgends als Lehre auf, sondern sind als Unterstützungsmittel für Mahnungen und Warnungen gebraucht, wie sie in alter und neuer Zeit durch Zurückgreifen auf den Volksglauben üblich sind.

Reichlicher und mannigfaltiger fließen die Bilder aus der spätjüdischen Mythologie über Engel und Dämonen in der Offenbarung Johannes. Die Schrift nimmt, wie wiederholt angedeutet wurde, die im Buche Daniel begonnene und im Buche Henoch weiter entwickelte Vorstellungswelt von dem Eintritt des messianischen Reiches und einem über alle Gottlosigkeit ergehenden Endgericht auf und giebt den Ideen eine christliche Wendung und Deutung.

Da finden sich nun Myriaden von Engeln, die um den Thron Gottes stehen (5, 11), und „vor dem Thron ein gläsernes Meer und unter dem Thron und rings um den Thron vier Thiere voll Augen vor- und rückwärts, das erste gleich einem Löwen, das zweite gleich einem Stiere, das dritte mit Menschenantlitz und das vierte gleich einem fliegenden Adler; und jedes hat sechs Flügel voll Augen ringsum und sie haben keine Ruhe Tag und Nacht und rufen: Heilig, heilig, heilig ist Gott der Herr (4, 3—11); die vier Thiere reden mit Donnerstimme und verkünden den Inhalt der vier ersten Siegel und sie fallen nieder vor dem Angesichte Gottes (6, 1—7; 7, 11)".

Es sind hier die uralten Vorstellungen von den Cherubim und Seraphim (Jes. 6) weiter ausgebildet, mit einander verschmolzen und mit den Engeln vermischt. Schon im Buche Henoch findet sich diese doppelte Verschmelzung. Desgleichen kehren wieder die besondern Engel für die Elemente und Himmelsgegenden; da stehen vier Engel an den vier Ecken der Erde und sie halten die vier Winde der Erde, daß kein Wind blies über die Erde noch über das Meer, noch über irgend einen Baum; und ein anderer Engel stieg auf von Sonnenaufgang und schrie den vier Engeln zu (7, 1—3). Da tritt Michael auf, der Schutzengel Israels, er streitet mit seinem Heer gegen den Satan (12, 7). Da sind Unglücks- und Gerichtsengel, die die göttlichen Gerichte an den Menschen vollziehen; es sind ihrer vier, die gebunden sind am großen Strome Euphrat und die zur festgesetzten Zeit den dritten Theil der Menschen zu tödten bereit sind (9, 14. 15). Da kehrt die Vorstellung wieder von einem Stern, der vom Himmel gefallen ist und dem der Schlüssel zum Abgrund gegeben ist, und der die Thür aufthut und Rauch und Feuer und Skorpionen und Heuschrecken steigen auf (9, 1 ɪc.).

Vor allem aber ist es der Satan selbst, der eine hervorragende Rolle spielt. Er heißt der große Drache, die alte Schlange, Teufel und Satan (12, 9), der das Weib und sein Kind verfolgt. In seinem Dienste stehen auch die Dämonen und unsaubern Geister (16, 14), aber sonst ist er noch von diesen scharf geschieden. Er hat wie in Hiob, Sacharja und im Buche Henoch seinen Sitz im Himmel; da klagt er unaufhörlich das gerechte Israel an, um es zu verderben. Aber Michael nimmt es in Schutz und es kommt zum förmlichen Kampf zwischen den Engeln und Heeren Michaels und Satans, der offenbar in den obern Himmel bringen will, um vor dem Throne Jehovas seine Anklagen vorzubringen. Satan unterliegt und wird auf die Erde geworfen und die Heiligen frohlocken, daß niedergeworfen ist „der Ankläger unserer Brüder, der sie vor Gott verklagte Tag und Nacht" (12, 7—12). Aber nun hat der Satan großen Zorn und er weiß, daß er nur kurze Zeit hat, und so wüthet er gegen das Weib und sein Kind, den Messias, und verbindet sich mit den Thieren des Abgrunds. Aber bald hört sein Wüthen auf, denn das Gericht bricht herein und es erscheint ein Engel, der hat den Schlüssel zum Abgrund und eine große Kette in der Hand und er ergreift den Drachen, „die alte Schlange, die da ist der Teufel und Satan" und band ihn auf tausend Jahr und warf ihn in den Abgrund und verschloß denselben. Nach tausend Jahren aber soll Satan noch einmal gelöset werden eine kleine Zeit (20, 1—3), um dann für immer dem Gerichte zu verfallen.

Es sind dies dieselben Vorstellungen, die uns schon im Buche Henoch begegnet sind, die eben deßhalb, als Erzeugnisse spätjüdischer Philosophie und Phantasie, für unser Gewissen keinen verbindenden Werth haben, wenn sie auch ins Neue Testament übergegangen sind. Zudem haben sie in der Offenbarung Johannes nur symbolische Bedeutung, unter allerlei üblich gewordenen Zeitbildern, die Kämpfe und den Sieg des Reiches Gottes veranschaulichend. Gott selbst hat durch den Gang der Geschichte der Christenheit es klar aufgezeigt, daß wir es in diesen Enthüllungen der Zukunft nicht mit realen Mächten, sondern mit Symbolen zu thun haben, wenn sie von den Verfassern der Schriften auch immerhin real gemeint sein mögen.

Eine höhere Auffassung vom Satan und seinem Reich findet sich im Eingang der Offenbarung, in den Briefen an die sieben asiatischen Gemeinden. Da ist wiederholt die Rede von der Lästerung derer, die sich Juden nennen und es nicht sind, sondern des Satans Schule (2, 9; 3, 9). Es ist die Synagoge gemeint, die das Christenthum heruntersetzte und Verfolgungen gegen die Christen erregte. Da ist im Brief an die Gemeinde zu Pergamon die Rede vom Throne des Satans (2, 13). Man hat in neuerer Zeit geglaubt, in der Bezeichnung sei an den Riesenaltar gedacht, der damals in Pergamon stand und von dem Ueberreste heute im Berliner Museum sich befinden. Wahrscheinlich will aber der Ausdruck Satans Thron nur sagen, daß hier in besonderm Sinne der Satan wohnte, vermuthlich weil die Synagoge in Pergamon heftig gegen die Christen auftrat. Eine weitere Stelle (2, 24) redet von den Tiefen des Satans; dem Zusammenhang nach ist damit die in gewissen Kreisen verbreitete Lehre vom Satan, seinem Walten und Treiben und seinem Sturz verstanden, die man wie die Engellehre als eine Art besonderer Weisheit und Theosophie betrachtet zu haben scheint. In 2, 10 begegnen wir der Vorstellung: der Teufel wird von euch einige ins Gefängniß werfen, auf daß ihr geprüft werdet. Es ist der Christus feindliche Sinn, der Haß und die Feindschaft der Juden gegen das Evangelium gemeint.

Allenthalben ist hier die Satansidee ethisch, innerlich und

geistig gewendet und uns damit der Weg zu einer richtigen Fassung dieser Vorstellungen gewiesen*).

Die wichtigste Frage ist die, wie stellt sich Jesus zu diesen Vorstellungen? Welchen Gebrauch hat er von ihnen gemacht? Welchen Werth und welche Bedeutung legt er ihnen bei?

Es sind bei dieser schwierigen Frage verschiedene Punkte wohl auseinander zu halten.

Zunächst kommen einige Aussprüche in Betracht, in denen Ausdrücke und Bilder dem dämonologischen Vorstellungskreis entnommen sind. Dahin gehört schon das Wort in der Bergpredigt, in dem Jesus den, der seinen Bruder Narr, d. h. alttestamentlich Thor, Gottloser, Ungläubiger schelte, also ihm das Seelenheil abspreche, des höllischen Feuers für schuldig erklärt (Matth. 5, 22). In einer andern Form kehrt dieselbe Vorstellung wieder, im Gleichniß von der Wiederkunft des Menschensohnes (Matth. 25, 31—46). Da erben die Gerechten das Reich, das ihnen bereitet ist von Anbeginn der Welt und ihnen gegenüber lautet der Ruf an die Gottlosen: Gehet hin ihr Verfluchten in das ewige Feuer, das bereitet ist dem Teufel und seinen Engeln. Auch die Pforten des Hades sind ihm bekannt (Matth. 16, 18). Unzweifelhaft schwebt hier Jesu die Volksvorstellung vor vom Fall und der Verstoßung der Engel und dem Feuergericht, das ihrer nach Henoch harrt. Aber Jesus will damit sicher nichts über die Realität dieser Vorstellungen aussprechen, noch viel weniger eine Lehre darüber aufstellen. Er bedient sich dieser Bilder, wie er sich auch anderer Bilder bedient, zu seinen Lehrzwecken, zur Veranschaulichung eines religiösen Gedankens, hier der Unseligkeit der Gottlosen. In ähnlicher Weise wendet er, um denselben Gedanken auszudrücken, die Volksvorstellung von einer nordischen Kälte und Finsterniß an, „da sein wird Heulen und Zähnklappen" (Matth. 8, 12; 22, 13; 24, 51; 25, 30), ein Bild, das mit dem des Feuers vollständig im Widerspruch

---

*) Ueber die Komposition der Offenbarung, die auf und aus jüdischen Elementen sich aufbaut, vergleiche das interessante Buch: Friedrich Spitta, Die Offenbarung des Johannes. Halle, Waisenhaus 1889, und über die Engel und Satansvorstellungen S. 255, 278, 330 ꝛc., 357 ꝛc. Ueber den Dämonenglauben im Neuen Testament vergleiche auch O. Pfleiderer, Religionsphilosophie auf geschichtlicher Grundlage (1878) S. 437 ꝛc.

steht. In Matth. 13, 42 finden sich sogar beide Bilder beisammen: „und werden das Unkraut in den Feuerofen werfen, da wird sein Heulen und Zähnklappen"; und in Marc. 9, 44. 46. 48 kommt zum Feuer, das nicht verlöscht, der Wurm, der nicht stirbt — ein Bild, das den alten Propheten entlehnt ist (Jes. 66, 24), auch Sir. 7, 19, wo gleichfalls beide Bilder, Feuer und Wurm, verbunden sind, sich findet.

Auch im Gleichniß vom reichen Mann und armen Lazarus (Luc. 16, 19—31), in dem Jesus die jüdischen Vorstellungen vom Hades verwendet, nach welchen derselbe in das Paradies, da der Erzvater Abraham wohnt, und in die Gehenna, die Hölle, den Strafort der Gottlosen, beide nahe beieinander, zerfällt, will er nicht eine Lehre über diese Dinge aufstellen, sondern daran die Seligkeit des Armen und die Pein des Reichen veranschaulichen*).

Von größerer Bedeutung ist die Frage nach der Stellung Jesu zu den sogenannten Besessenen.

Das ganze Alte Testament weiß nichts von Besessenen, oder wie die Schrift sie nennt, von Dämonisch-Kranken. Solche Kranke gab es erst ein Jahrhundert vor und zur Zeit Christi und nachher, als der Glaube an unzählige, in der Luft und in den Wüsten hausende unreine Geister (Dämonen) sich immer mehr der Gemüther bemächtigte und allgemeine Verbreitung gefunden hatte.

---

*) Beyschlag (Leben Jesu I. 315) vortrefflich: „Bei der Lehrweise Jesu gilt es, das bildlich anschauliche Element der Rede Jesu fortwährend im Auge zu behalten und nicht aus dem, was er z. B. in offenbar symbolischer Malerei von den Engeln oder dem Teufel sagt, vorschnell Dogmen prägen zu wollen." — Van Oosterzee zum Lucas-Gleichniß: „die Tendenz der Parabel ist also nicht, eine besondere Belehrung über zukünftige Vergeltung zu geben." — „Obschon wir die auch hierauf fallenden Lichtstrahlen dankbar auffassen, fällt es doch alsbald ins Auge, daß die ganze Parabel in das Kleid der jüdischen Eschatologie gehüllt ist" (Lange, Bibelwerk III. 250). Vergleiche auch Neander, Leben Jesu Christi, 1837, S. 214 ꝛc. — Von solchem Verkennen der einfachsten Grundsätze der Bibelauslegung, der Rücksichtnahme auf die bildliche Redeweise Jesu und der neutestamentlichen Schriftsteller kommt es, daß man gerade über diese letzten Dinge, wie sie das Gleichniß vom reichen Manne und armen Lazarus und unser Gegenstand berührt, Christus und den Aposteln die ganze Abenteuerlichkeit und Phantasterei des spätern verkommenen Judenthums über diese Dinge aufbürdet. Vergleiche in diesem Sinne die Schriften von E. Mühe: Das enthüllte Geheimniß der Zukunft, und Aehnliches.

Auch griechische Einflüsse wirkten mit, um diese Vorstellungen zu erzeugen. Die Griechen betrachteten gewisse Seelenzustände, wie Verzückungen, Begeisterung, Wahnsinn oder auch plötzlicher Tod als unmittelbare Wirkungen der Gottheit. Man denke nur an das delphische Orakel und ähnliche Einrichtungen. Schon vor Plato begann man zwischen den höchsten Göttern und den Menschen Zwischenwesen einzufügen, die man Dämonen nannte und schrieb ihnen die Verursachung solcher Seelenzustände zu. Insbesondere gilt dies von der Epilepsie oder Fallsucht mit ihren räthselhaften Erscheinungen. Man dachte dabei diese Mittelwesen keineswegs als böse, sondern mehr als harmlose Zwischenwesen göttlichen Charakters, daher diese Krankheit in besonderm Sinne als heilig betrachtet wurde (morbus sacer).

Diese Vorstellungen wurden nun ein Jahrhundert vor Christus durch die Juden nach Aegypten und Kleinasien ins eigentliche Judenthum getragen und verbanden sich dort mit dem von Persien eingedrungenen Dämonenglauben. Dabei wurden die harmlosen Zwischenwesen der Griechen zu bösen Geistern und die heilige Krankheit zu einer von unsaubern Geistern veranlaßten gefürchteten Plage*).

Es läßt sich noch nachweisen, wann diese Neigung, gewisse Krankheiten bösen Geistern zuzuschreiben im eigentlichen Judenthum zuerst sich regte und wie man da gewisse Seelenzustände, welche die frühere Zeit mit ihren gesunden, vom Dämonenglauben freien Anschauungen als von Gott verhängt, d. h. als natürlich betrachtete, später einem bösen Geiste zuschrieb.

In dieser Beziehung ist höchst lehrreich die Gemüthskrankheit Sauls, die zuweilen zu Tobsucht und Raserei sich steigerte. Die Bücher Samuels gebrauchen bald die Ausdrücke: „der Geist Gottes wich von ihm und ein böser Geist von Gott beunruhigte ihn", oder „der böse Geist Gottes kam über ihn" (1. Sam. 16, 16);

---

*) Vergleiche Keim in Schenkel's Bibellexikon, Artikel Besessene. Immerhin unterscheidet das ganze Neue Testament diese unsaubern Geister scharf von Satan und dem Teufel (diabolus); sie plagen die Menschen wohl, verführen sie aber nicht zum Bösen. Luther richtete eine große Verwirrung dadurch an, daß er Daimonion immer mit Teufel übersetzte.

ja V. 23 heißt es einfach: „Wenn nun der Geist Gottes über Saul kam, spielte David auf der Harfe". Die unter den ägyptischen Juden entstandene griechische Uebersetzung der Septuaginta läßt aber bei der ersten Stelle das Wort „Gottes" aus und setzt bloß: ein böser Geist kam über ihn, und in V. 23 setzt sie die Bezeichnung **böser** hinzu. Aehnlich 1. Sam. 19, 9, wo die griechische Uebersetzung gleichfalls den Ausdruck Gott wegläßt und einfach böser Geist schreibt, während an andern Stellen die Bezeichnung als Geist von Gott stehen bleibt (1. Sam. 16, 14. 15 und 18, 10).

Wir haben hier denselben Prozeß, der uns oben bei der Besprechung der Vorstellung vom Satan begegnet ist. Während die Bücher Samuelis den verhängnißvollen Entschluß Davids, das Volk zu zählen, Gott zuschreiben, so schiebt die spät entstandene Chronika ohne weiteres den Satan ein (2. Sam. 24, 1 und 1. Chron. 21, 1). Der jüdische Geschichtschreiber Josephus, um 70 nach Christus, geht noch einen Schritt weiter und zählt Sauls Gemüthskrankheit ohne weiteres unter die Besessenheit, ein Ausdruck, den erst er aufgebracht hat. Aus dieser geschichtlichen Darlegung erhellt, daß wir es in dem Glauben an dämonisch Kranke mit einer Zeitvorstellung zu thun haben, die dem entarteten spätern Judenthum entsprang, die für uns deshalb in keiner Weise bindende Kraft hat. Sie ist selbst eine Krankheit, eine Art fixe Idee, die allenthalben die Zeitgenossen Jesu beherrschte und die auch in das Neue Testament eingedrungen ist. Man kann sie auch eine dogmatische Krankheit nennen, weil sie erst seit der Zeit auftritt, als das Dogma von den Millionen, die Menschen umschwirrenden bösen Geistern der Gemüther sich bemächtigt hatte*).

---

*) Keim in Schenkel's Bibellexikon, Artikel Besessene, und Geschichte Jesu, 3. Auflage 1873, S. 176. — Delitsch, bei Riehm, Handwörterbuch der biblischen Alterthümer: „Der wahre Erklärungsgrund, warum zur Zeit Jesu die Besessenheit so häufig war, liegt in dem damit zusammenhängenden Aberglauben jener Zeit. Daraus folgt aber nicht, setzt der Verfasser hinzu, daß die dämonischen Krankheiten nur Wahngebilde abergläubischer Vorstellungen gewesen seien; man müßte denn annehmen, daß Jesus dieser Zeitmeinung sich nicht allein accomodirt, sondern auch selbst in ihr befangen gewesen sei." Was schadete das, wenn eine gewissenhafte Forschung diese Annahme verlangt?

Die griechischen Aerzte haben vor und nach Christus diese Krankheiten als natürliche betrachtet, die mit Dämonen nichts zu thun hätten*).

Gehen wir nun zu den Erzählungen von Dämonisch-Kranken im Neuen Testament über, so ist unzweifelhaft, daß Jesus besonders im Anfange seiner Wirksamkeit von Dämonisch-Kranken viel umdrängt und um Heilung angegangen wurde (Marc. 1, 32—34, 3, 10—12 und Parallelstellen). Aber in Wirklichkeit sind nicht mehr als 5—6 Heilungen näher beschrieben. Matthäus hat 5, Marcus 4 und Lucas 4. Von allen dreien bezeugt ist die Heilung des Gabareners (Matth. 8, 28—34), die Heilung des Sohnes (Matth. 17, 14—20); doppelt bezeugt in Matthäus und Marcus die Tochter des kananäischen Weibes (Matth. 15, 21 und Marc. 7, 24); desgleichen von Marcus und Lucas der Besessene in Kapernaum (Marc. 1, 23—26, Luc. 4, 31—37). Außerdem berichtet Lucas von Maria, der Magdalenerin, daß Jesus sieben Teufel von ihr ausgetrieben habe (Luc. 8, 2).

Betrachtet man die einzelnen Fälle näher, so entpuppen sie sich sämmtlich als lauter Krankheitszustände, die heute noch vorkommen und immer vorgekommen sind. Es sind insgesammt Nerven- und Gemüths-

---

*) Der griechische Altmeister und Schöpfer der medizinischen Wissenschaft, Hippokrates aus Kos († 372 v. Chr.), sagt über die heilige Krankheit: „Die Epilepsie scheint mir in nichts göttlicher zu sein als die übrigen Krankheiten; vielmehr gleich den andern ihr eigenthümliches Wesen, ihre Gelegenheitsursache, welche jeder Krankheit zu Grunde liegt, zu haben. Sie ist in Beziehung auf ihr Wesen und ihre Gelegenheitsursache nur durch das göttlich, wodurch es alle andern Krankheiten sind. Auch scheint sie mir nicht minder heilbar zu sein als die andern Krankheiten, wenn sie sich nicht durch ihre lange Dauer so eingewurzelt hat, daß sie mächtiger als die dagegen angewandten Mittel ist". (Bei Wildermuth, Eine christl. Therapie der Epilepsie. Würtemb. Medizinisches Correspondenzblatt 1889 Nr. 9/10.) — Die närrische Vorstellung, daß die Geister in den Besessenen die Seelen Verstorbener seien, hat im Anschluß an den griechischen Volksglauben der obgenannte Josephus in das Judenthum eingeführt, von wo sie in das Christenthum überging. Diese Vorstellung wird bekanntlich in der Lehre vom Fegfeuer als Gespensterglaube ausgiebig verwendet. — Eine Zusammenstellung der Literatur über die Besessenen und deren Beurtheilung siehe in der eben erschienenen Schrift: Fr. Nippold, Die psychiatrische Seite der Heilthätigkeit Jesu. Bern, Wyß, 1889 S. 30 ꝛc.

krankheiten in den verschiedensten Erscheinungsformen. Obenan steht die Epilepsie oder Fallsucht, die sog. heilige Krankheit der Griechen, die bei der Mehrzahl der Fälle zu Tage tritt („der Geist schrie und riß ihn, warf ihn bald in's Wasser, bald in's Feuer"). In einem Falle war mit dieser Körper- und Seelenzerrüttung Stummheit und Sprachlosigkeit verbunden. (Marc. 9, 17—29.) Auf Trübsinn und Melancholie dürfen wir schließen bei der Tochter des kananäischen Weibes und bei Maria von Magdala. Mondsucht oder Schlafwandeln, das besonders zur Zeit des Vollmondes auftritt, erscheint Matth. 17, 14—18, bei Einzelnen ist die Gemüthskrankheit in förmliche Tobsucht und Wahnsinn ausgeartet. Dabei ist nicht zu übersehen, daß in den Einzelheiten die Evangelisten nicht unbedeutend abweichen. Es ist auch wahrscheinlich, daß der blinde und stumme Besessene des Matthäus (12, 22—23) mit dem Tauben und Stummen des Marcus ohne Besessenheit zusammenfällt (7, 31—37), auf den dann (8, 22—26) die Heilung eines Blinden folgt*).

Gemeinsam ist allen drei Evangelisten der Zug, daß die Dämonisch-Kranken Jesu nachschrieen und sprachen: „Was haben wir mit dir zu schaffen, Jesu von Nazareth, du bist gekommen uns zu verderben?" Nach Matthäus und Lucas redeten sie ihn sogar als Gottes Sohn, Sohn des Höchsten an.

Es ist in diesen Seelenzuständen bekanntlich das Ahnungsvermögen stark entwickelt, doch stehen die Kranken in der Fähigkeit zu ahnen, vollständig unter den in ihren Geist gedrungenen Vorstellungen und Zeitmeinungen. Unzweifelhaft war der Ruf von der Macht Jesu über diese dunkeln Gebiete zu den Kranken gedrungen und schreckte sie auf und sie redeten die Meinung des Volkes von Jesu.

Als im dritten Jahrhundert die Meinung allgemein wurde, die heidnischen Götter seien Dämonen, so antworteten die Besessenen den sie fragenden christlichen Exorzisten ohne weiteres: „Ich bin Jupiter, ich bin Saturn, ich bin Serapis u. s. w." In ähnlicher Weise geschah dies zur Zeit des Hexenglaubens und der Hexen-

---

*) Vergleiche Fr. Nippold, Die psychiatrische Seite der Heilthätigkeit Jesu S. 6—22.

prozesse. So sagen die von den Jesuiten in den Niederlanden behandelten Besessenen um 1546 aus, sie, die Dämonen, seien bei der Leichenfeier ihres großen Anhängers Dr. Martin Luther gewesen. (Religion und Hexenprozeß 142.)*)

Die merkwürdigste Erzählung ist die von den drei ersten Evangelisten gemeinsam überlieferte Heilung des Gabareners (Matth. 8, 28—34; Marc. 5, 1—20; Luc. 8, 26—39): Wenn sie auch in Einzelheiten abweichen, so berichten sie doch die Hauptzüge übereinstimmend, „daß der Mann in den Gräbern wohnte, sich mit keinen Fesseln binden ließ, sondern sie zerriß und die Leute bedrohte." Als er Jesus von ferne sah, lief er auf ihn zu und schrie: „Was habe ich mit dir zu schaffen, Sohn Gottes. Bist du gekommen, mich vor der Zeit zu peinigen?" Nicht minder berichten alle drei den merkwürdigsten Zug der Erzählung, daß die Teufel Jesus baten, sie in die in der Nähe befindlichen Schweinsheerden fahren zu lassen, ferner daß er es gestattete, und daß die Schweineheerden über den Abhang hinab in das Meer sich stürzten und zu Grunde gingen.

Darnach haben wir es hier mit einem wahnsinnigen und tob-

---

*) Wir lassen hier einige theologische Stimmen über diesen Gegenstand zum Worte kommen. Beyschlag (Leben Jesu 1. 293): „Auch unsere synoptischen Evangelisten, welche die Volks- und Zeitansicht theilen, führen in ihren Schilderungen durchaus Zustände vor, die uns heute mit nichten ein undurchdringliches Geheimniß zeigen, sondern — wenn man sich durch die Auffassung der Erzähler nicht irre machen läßt — sich offenbar als Wahnsinn, Tobsucht, Epilepsie u. s. w. deutlich zu erkennen geben. Was noch immer von der Anerkennung dieser überwältigend klaren Sachlage zurückhält, das ist lediglich die Angst, auch Jesum selbst des jüdischen Volks- und Zeitglaubens zu zeihen." — Holtzmann (Handcommentar zum Neuen Testament, Freiburg 1889. Die Synoptiker, S. 75): „Ist überhaupt der Satan das Oberhaupt der Dämonen (Luc. 11, 15. 18), Urheber schon jedweder Krankheit (Luc. 13, 16), so gilt insonderheit der Geistesgestörte als Opfer einer finstern Macht, welche sich seiner bemächtigt hat, um ihn zu bethören .. und sich selbst wie den Andern fremd und unverständlich zu machen. Aber auch hartnäckige Lähmung, anhaltender Blutfluß, Aussatz, Melancholie, rasende Leidenschaft, plötzliches Stumm- und Taubwerden, Kontraktheit, Taubsucht und fallende Sucht, alle psychisch-nervösen oder gar mit Zuckungen und Krämpfen verbundenen Anfälle galten als von Dämonen hervorgebracht. So verdolmetschte man sich den eigenthümlichen, unheimlichen Charakter solcher Krankheiten."

süchtigen Geisteskranken zu thun, der unter dem Einfluß der Volksvorstellungen sich für besessen hielt. Zugleich war Fallsucht, Zerren und Niederwerfen des Menschen mit der Krankheit verbunden. Die Heilung vollzog sich, indem Jesus mit dem Machtwort seines Geistes einen Lichtstrahl des Lebens in die Seele des Kranken warf und ihn von der Wahnvorstellung befreite und Ruhe und Einheit seinem Seelenleben wiedergab. Das Ausfahren der Geister ist der letzte, gewöhnlich furchtbare Anfall, der durch die Nähe und das Machtwort Jesu hervorgerufen wurde und mit dem die Heilung eintrat*).

Was dabei das Räthsel mit den Schweinen betrifft, so kann man es auf verschiedene Weise zu lösen suchen. Wenn man nicht einen mythischen, im Laufe der Ueberlieferung entstandenen Einfluß annehmen will, so hat man sich das Sichherabstürzen der Schweine über den Abhang als Folge des Schreckens zu denken, der, anläßlich des letzten, jedenfalls furchtbaren, in Toben und Geschrei sich äußernden Anfalls des Kranken, sich auf diese an sich scheuen Thiere verbreitete. Oder, man kann das Hinabstürzen sich als Folge der Fernwirkung der bei solchen Kranken anerkanntermaßen mächtig entwickelten magnetischen Kräfte denken, deren Einwirkung sich auf jene Thiere erstreckte, nachdem der Gedanke an sie in den Vorstellungskreis des Kranken eingetreten war**).

Nicht minder merkwürdig ist die von allen drei Evangelisten bezeugte Heilung eines Sohnes, den Matthäus zugleich als mondsüchtig bezeichnet (Matth. 17, 14—21, Marc. 9, 14—30 und Luc. 9,

---

*) Ueber die einzelnen biblischen Erzählungen siehe die Literatur bei Fr. Nippold, Die psychiatrische Seite der Heilthätigkeit Jesu, S. 48 ꝛc.

**) Josephus erzählt in seiner jüdischen Geschichte eine ähnliche Begebenheit. Der jüdische Exorzist Eleazar heilte in Gegenwart des Kaisers Vespasian, des Titus und der Generale der römischen Legionen einen Besessenen, indem er unter den üblichen Beschwörungsformeln einen Ring mit dem Siegel Salomos dem Kranken an die Nase brachte, worauf die Dämonen durch die Nasenlöcher, wie er vorausverkündigt hatte, entwichen und — wie der Exorzist gleichfalls prophezeit hatte, ein bereit gestelltes, mit Wasser gefülltes Gefäß umstießen. Es liegt kein Grund vor diese Geschichte anzuzweifeln, aber nicht die Dämonen warfen das Wasserbecken um, denn es waren keine in dem Kranken, sondern der Wille des Exorzisten, der die im letzten Anfalle sich entwickelnden Nervenkräfte in seiner Hand hatte.

37—43), wobei besonders Marcus anschaulich schildert. Jesus hatte sich mit brei seiner Jünger auf einen Berg zurückgezogen, die übrigen waren in der Ebene zurückgeblieben. Da kam ein Mann mit einem schwerkranken Sohn, dieser hatte einen sprachlosen Geist. Der Knabe schäumte und knirschte zeitweise mit den Zähnen und zehrte ab. Der Dämon warf ihn bald in's Feuer, bald in's Wasser, um ihn umzubringen. Es war also ein Fall von hochgradiger Epilepsie mit Nervenschlägen; die damit verbundene Stummheit und Taubheit deutet auf Blödsinn oder schweren das Uebel noch erhöhenden Trübsinn (Melancholie). In solchen Stimmungen hatte er, wie das bei diesen Kranken vielfach der Fall ist, Selbstmordgedanken, er suchte sich bald in das Wasser, bald in das Feuer zu stürzen. Der Vater wandte sich zuerst an die zurückgebliebenen Jünger, aber sie konnten dem Knaben nicht helfen. Darüber erhob sich nun ein Streit unter dem Volke, und namentlich zwischen den anwesenden Schriftgelehrten und den Jüngern. Plötzlich erscheint Jesus, und staunend geht ihm das Volk entgegen und grüßt ihn. Jesus, der die Streitrede zwischen den Jüngern und den Schriftgelehrten bemerkt hatte, fragte diese: „Was streitet ihr mit ihnen?" Da antwortete Einer aus dem Volke, eben der Vater des Knaben, daß es sich um seinen Sohn handle, den die Jünger nicht heilen könnten. Jesus, in hohem Grade entrüstet, ruft aus: „O ihr ungläubiges Geschlecht, wie lange soll ich bei euch sein? wie lange soll ich euch ertragen?" d. h.: wie lange wird es noch gehen, bis ihr auf eigenen Füßen steht und aus dem Zustande des Schwankens und Zweifelns heraus kommt? Und er rief den Knaben zu sich. Als dieser Jesus sah, kam der epileptische Anfall: der Geist rüttelte ihn und er fiel zu Boden und wälzte sich schäumend. Jesus fragte den Vater: „Wie lange Zeit ist's her, daß ihm das widerfährt?" Der Vater antwortete: „Von Kind auf", und er bat Jesum flehentlich: „Wenn du etwas kannst, so hilf uns und erbarme dich unser!" Jesus antwortete: „Du sagst mir, wenn du etwas vermagst? nun so wisse: du selbst vermagst alles, wenn du glauben kannst, denn alle Dinge sind möglich dem Glaubenden." Der Vater, der offenbar den Vorwurf in dieser Rede fühlte, schrie und rief unter Thränen: „ach, ich glaube, doch wenn ich nicht recht glauben sollte, wie du es willst, so hilf meinem Unglauben!" — Um nun den Volksauflauf nicht noch mehr anwachsen zu lassen, bedräuete Jesus den unsaubern Geist und sagte zu ihm: du sprachloser und tauber Geist, ich gebiete dir, fahre aus von ihm, und daß du hinfort nicht mehr in ihn einfährest! Da fuhr der Geist schreiend und ihn heftig rüttelnd aus und der Sohn lag wie todt, so daß Viele sagten, er ist gestorben. Es war also der letzte sehr heftige Anfall, mit dem die Heilung eintrat. Jesus ergriff ihn bei der Hand und richtete ihn auf und er stand auf.

Die Begebenheit ist noch interessant durch das Nachspiel, das sie hatte. Als Jesus sich von der Volksmenge entfernte, da fragten ihn seine Jünger bei Seite: warum konnten wir ihn nicht austreiben? Jesus sprach: diese Art kann durch nichts ausfahren denn durch Gebet und Fasten, d. h. nur durch die kräftigste Geistessammlung und Geisteszusammenfassung, die die beiden Momente, Andacht und Entsagung, in sich schließt, kann solch bösartiges Uebel geheilt werden. Nach Matthäus fügte Jesus hinzu: Euer Unglaube ist schuld. Wenn ihr Glauben hättet, wie ein Senfkorn groß, würdet ihr Berge versetzen, das Unmöglich-Scheinende möglich machen können. Diese Worte sind nur eine Erläuterung des ersten Gedankens in seiner Anwendung auf die Jünger. Eben weil ihnen diese Concentration des Geistes fehlte, konnten sie nicht helfen*).

Diese beiden Heilungen geben auch ein anschauliches Bild davon, wie Jesus mit solchen Kranken verkehrte und wie er auf sie einwirkte. Man merkt bei ihm nichts von den damals üblichen Beschwörungsformeln der Exorzisten, nichts von dem am Todten Meere gepflückten Zauberkraut, wie es bei den Schülern der Pharisäer üblich war, sondern er wirkt — auch da über allen volkstäuschenden Formelkram sich erhebend — Geist zu Geist und ruft durch die Macht seines Wortes im Seelenleben des Kranken eine Bewegung hervor, mit der die Heilung beginnt. Von wesentlicher Bedeutung war dabei sein einheitliches, von allem Zwiespalt freies Selbstbewußtsein, und das Gefühl, der Träger göttlicher ungeahnter Lebenskräfte zu sein zur Ueberwindung der Noth des Lebens. Dazu kam noch sein tiefes Mitleid mit den Unglücklichen. Diese von

---

*) Vergl. über diesen Krankheitsfall besonders Neander, Leben Jesu Christi 301 ıc.

Mitleid und Erbarmen getragene Uebermacht seines Geistes mußte auf diese armen, gedrückten, im Banne dunkler Gewalten stehenden Seelen erlösend und heilend einwirken. In einzelnen Fällen war eine mächtige Erregung des Geistes Jesu nicht ausgeschlossen. Darauf deutet der Ausdruck: er bedrohete die Dämonen; ferner wenn berichtet wird, daß besonders im Anfang die Leute Entsetzen ergriff nach den Heilungen. Auch die Mittheilung des Marcus (3, 21), daß die Seinen unter dem Rufe, er ist von Sinnen, ihn halten wollten, darf als Charakteristikum einer zeitweisen mächtigen Erregung Jesu hierhergezogen werden.

Wie weit nun Jesus die Vorstellungen der Kranken und der Zeit von der Entstehung derartiger Krankheitserscheinungen theilte, ist nicht leicht zu entscheiden.

Auf der einen Seite liegen keine Andeutungen vor, daß er sich mit dem Glauben des Volkes nach dieser Seite hin in Widerspruch setzte. Im Gegentheil scheinen eine Anzahl Zeugnisse vorauszusetzen, daß er gleichfalls in diesem Vorstellungskreis sich bewegte. Er betrachtet die Heilung von Dämonischen als eine seiner Aufgaben; er verheißt sie auch seinen Jüngern; er gestattet Einem, der in seinem Namen Dämonen austreibt, es zu thun. Insbesondere darf man hinweisen auf sein Verhalten gegenüber dem Dämonischen aus Gadara, auf die Erlaubniß an die Dämonen, in die Schweine zu fahren; dann auf die Aeußerung an die Jünger: diese Art fährt nur aus mit Gebet und Fasten.

Allein auf der andern Seite spricht er nirgends näher über die Krankheit sich aus; er nimmt keine weitere Notiz von der Art, wie die Krankheit ihm erzählt wird; er verhält sich in gewissem Sinne passiv gegenüber den Aeußerungen der Kranken; den Gadarener, der ihm aus seinem Vorstellungskreise heraus die Antwort gibt: wir sind Legion, hat er in Wirklichkeit nur nach seinem Namen gefragt. Und er hat nur nichts dagegen, als derselbe gleichfalls aus seinem Wahne heraus von einem Fahren der Dämonen in die Schweineheerde redet. Auch dem Worte an die Jünger ist der symbolische Charakter nicht abzusprechen[*]). Sein

---

[*]) Ueber das Symbolische in der Redeweise Jesu, namentlich auch in den dämonologischen Aussprüchen vergleiche Friedr. Nippold: Das Naturbild

Verhalten macht besonders im Anfang den Eindruck, als ob ihm diese Erscheinungen neu und ungekannt wären; er steht ihnen staunend gegenüber, den Krankheitserscheinungen wie seinen eigenen Erfolgen, und erst nach und nach fühlt er sich vertrauter in diesen dunkeln Gebieten.

Vor allem aber liegen eine Menge bestimmter Aeußerungen vor, aus denen ganz unzweifelhaft erhellt, daß Jesus weit über die Volksvorstellung sich erhob und ihr einen höhern Sinn untergelegt hat. In erster Linie gehört hierher die große Rede an die Pharisäer wegen des Vorwurfs: er treibe Teufel aus durch den Obersten der Dämonen, die von allen drei Evangelisten im Wesentlichen gleichmäßig berichtet wird, wenn sie auch in der Veranlassung und in gewissen Einzelheiten von einander abweichen (Matth. 12, 22—37 und 43—45; Marc. 3, 22—30; Luc. 11, 14—26).

Er greift den Vorwurf der Pharisäer auf, um zu zeigen, wie vernunftwidrig und in sich selbst widersprechend eine solche Rede sei. Er führt in dieser Absicht verschiedene Gründe ins Treffen. Zuerst sagt er: es ist eine tägliche Erfahrung, daß jedes Reich, so es mit sich selbst im Widerstreit liegt, zu Grunde geht und jede Stadt oder Haus, so sie mit sich selbst uneins werden, nicht bestehen können. Wenn nun, wie ihr meint, ich die Teufel durch den Obersten der Teufel austreibe, dann treibt ja ein Satan den andern aus, dann ist Zwiespalt in seinem eigenen Reich und wie kann es dann fortbestehen? Er führt zweitens aus: Wenn ich durch Beelzebub die Dämonen austreibe, durch was treiben dann euere Jünger, die ihr in euern Schulen die Teufelaustreibung lehrt, die Dämonen aus? Vielleicht auch durch den Obersten der Dämonen? Das werdet ihr wohl kaum zugeben? Eben deßhalb werden sie euere Richter sein und verurtheilen sie euch mit eurem thörichten Vorwurf gegen mich. Drittens: Da es nun keinem Zweifel unterliegt, daß ich durch den Geist Gottes die Dämonen austreibe, so habt ihr keinen Grund mich anzuschwärzen, und umgekehrt ist dieses mein Thun ein Beweis, daß das Reich Gottes über euch und zu euch gekommen ohne daß

---

in den Reden Jesu, S. 14 ꝛc. (Heft 7 der geschichtl. Würdigung der Religion Jesu, Bern 1886.)

ihr es nur ahnt. Oder ist es nicht gleichfalls eine tägliche Erfahrung? In eines Starken Haus eindringen und ihm seine Werkzeuge rauben, kann nur der, der vorher den Starken gebunden hat; und eben das habe ich gethan, ich bin in des Satans Haus eingedrungen und habe diesen Starken gefesselt und mich stärker gezeigt als er. Jesus urtheilt hier vom Standpunkt der Pharisäer und führt sie von ihren eigenen Anschauungen aus ad absurdum; wie er eine ähnliche Kampfesweise gegen diese unverbesserlichen Gegner anwendet in der Frage nach dem Ursprung der Taufe des Johannes (Matth. 21, 23—27) und in der ihn selbst betreffenden Frage, wessen Sohn der Messias sei? (Matth. 22, 41—46.) Zu gleicher Zeit aber läßt er sie das absolut Verwerfliche ihres Verhaltens fühlen, indem er weiter ausführt: wie ich sehe, steht ihr in dieser hochwichtigen Frage nicht auf meiner Seite; das ist aber eben ein Beweis, daß ihr meine unbedingten Gegner seid; wer in so entscheidenden Fragen nicht mit mir sammelt und auferbaut, der zerstreuet, reißt nieder und zerstört, was ich schaffen will. Darum sage ich euch: ihr mögt meine Würde verkennen und zweifeln, daß ich des Menschensohn sei; das wird euch verziehen werden. Aber daß ihr den in mir wohnenden und aus mir handelnden Geist lästert und teuflisch nennt, was im höchsten Sinne göttlich und heilig ist, das wird in Zeit und Ewigkeit euch nimmer vergeben werden; denn es zeigt euere unverbesserliche, durch und durch verdorbene Art, die keiner guten Frucht mehr fähig ist; ihr gleicht jener Natter- und Schlangenbrut, die von Grund aus böse und Gift und Verderben speiend sich zeigt, von der nichts Gutes mehr zu hoffen ist.

Den entscheidenden Punkt aber bildet das Schlußwort dieser Rede (Matth. 12, 43—45). Da führt Jesus aus: Wenn der unsaubere Geist vom Menschen ausgefahren ist, so durchwandelt er dürre Stätten, suchet Ruhe und findet sie nicht und dann kehrt er um in sein früheres Haus und findet es passend zum Empfang geschmückt und er nimmt sieben andere Geister mit sich, die schlimmer sind als er und es wird mit demselben Menschen ärger als es vorher war. Jesus schließt seine Rede mit den Worten: Also wird es auch diesem argen Geschlecht gehen.

Diese Schlußäußerung zeigt, daß wir es hier mit einem

Gleichniß zu thun haben, in welchem Jesus die herrschenden Vorstellungen über Teufel und Teufelaustreibung benutzt, um den Zustand und das Schicksal des jüdischen Volkes zu veranschaulichen. „Es mag etwas Treffliches sein, ist der Sinn dieser Rede, um die Austreibung eines unsaubern Geistes aus einem Menschen, aber was ist denn damit gewonnen? Das Haus muß zuerst von Grund aus gesäubert und erneuert und so die Ursache der Krankheit weggeschafft werden, damit dem unsaubern Geist die Lust vergeht, sich wieder einzunisten. Es gibt eine schlimmere Besessenheit als die physische, das ist die moralische, und in diesem Zustand steckt das von euch geleitete jüdische Volk, das von den Dämonen der Selbstgerechtigkeit, der Heuchelei, des Hochmuths und dem Wahne weltlicher Herrschaft besessen ist und daran zu Grunde gehen wird. Diese sittlichen Dämonen zu vertreiben, muß die erste und nothwendigste Aufgabe sein, wenn anders das Volk noch gerettet werden soll*)."

Aber Jesus geht in dieser erhabenen geistigen Umdeutung der Volksvorstellungen und seiner freien Stellung zu ihnen noch einen Schritt weiter.

Es gehören hierher zwei Aussprüche, die von einer überwältigenden Klarheit und Bestimmtheit sind, und die ihr helles Licht auch auf die zweifelhaften Partien in dieser dunkeln Angelegenheit werfen: Luc. 10, 20 und Matth. 7, 21—23**).

In der ersten Stelle kehren die 70 Jünger zurück und rühmen in kindischer Freude: Siehe, es sind uns auch die Dämonen unter-

---

*) Neander, Leben Jesu 290 ꝛc. Joh. Peter Lange im Commentar zu Matthäus: „Auf den frühern Sünden- und Dämonenjammer folgt jetzt ein furchtbarer Heimfall an die ethischen Dämonen ... die welthistorische Besessenheit Israels."

**) Es ist merkwürdig, daß Jesus in der Antwort an den Täufer unter den aufgeführten Thaten die Dämonenaustreibung nicht erwähnt (Matth. 11, 5; Luc. 7, 22); während er dem Herodes Antipas sagen läßt: „saget diesem Fuchs, siehe ich treibe Teufel aus und vollbringe Heilungen, heute und morgen und am dritten Tage werde ichs vollenden" (Luc. 13, 32). Sollte hier der Gedanke zu Grunde liegen, daß dem abergläubischen Fürsten die gröbere Kost, die Hinweisung auf die Dämonenaustreibungen von nöthen sei, um Eindruck auf ihn zu machen; während der ernste, innerliche Bußprediger derselben entbehren könne, dem dafür die Predigt des Evangeliums an die Armen als Zeichen der messianischen Würde Jesu geboten wird? —

than in deinem Namen? Jesus verdirbt ihnen diese Freude nicht, sondern spricht zu ihnen: Ich schauete wohl den Satanas wie einen Blitz vom Himmel fallen*). Das will sagen: ihr habt euch nicht getäuscht; ich begleitete euer Thun und sah mit meinem Geistesauge den Fürsten der Finsterniß in seinem innersten Leben durch die neuen Lebenskräfte, die durch mich in die Welt gekommen sind, getroffen und von seiner Höhe herabstürzen; aber sich gleichsam selbst korrigirend und das Gesagte einschränkend fährt er fort: doch darüber freuet euch nicht, daß die Geister euch unterthan sind, sondern darüber freuet euch, daß eure Namen im Himmel geschrieben sind. Er will ihnen damit sagen: größer und der ächten Freude werth, mehr werth als der herrlichste Triumph über die Mächte der Finsterniß, ist das Eingeschriebensein im Buche des Lebens, das sichere Gerettet- und Erlöstsein aus diesen dunkeln Gewalten, die Gewißheit der Seligkeit.

Es kehrt hier derselbe Gedanke wieder, der oben im Gleichniß vom vertriebenen Dämon durchgeführt ist, daß nöthiger als das physische Dämonenaustreiben das Freiwerden von den moralischen Dämonen sei: Buße und Bekehrung, Leben und Seligkeit.

Zum klarsten Ausdruck bringt aber diesen Gedanken die Matthäusstelle (Matth. 7, 21—23). Da führt Jesus aus: Es werden Viele an jenem Tage sagen: Haben wir nicht in deinem Namen geweissagt, haben wir nicht in deinem Namen Teufel ausgetrieben? Haben wir nicht in deinem Namen viele Thaten gethan? Dann werde ich ihnen antworten: Ich habe euch noch nie erkannt; weichet alle von mir, ihr Uebelthäter! In das Himmelreich kommen, die den Willen thun meines Vaters im Himmel".

Man kann die ganze Werthlosigkeit dieser immer noch vielgerühmten Kunst für die höhern Interessen des Gottesreiches nicht schärfer und wirksamer ausdrücken, als es hier geschehen ist. In einem gewissen Falle konnte er wohl in Bezug auf einen Exorzisten, der Jesus Namen zu seinen Beschwörungen verwendete, sagen, laßt ihn gehen, der Mann hat ein Interesse für mich; hier gilt gegen-

---

*) Nach der Meinung der Kirchenväter soll hier Jesus die Stelle Jes. 14, 15 vom Sturz des Sohnes der Morgenröthe vorgeschwebt haben. Es ist nicht wahrscheinlich, die Rede Jesu ist eigenartig, jedenfalls nicht im Sinne vom Fall des Luzifer, den das Neue Testament nicht kennt.

über der Gleichgültigkeit und Feindseligkeit der Menschen das Wort: wer nicht wider mich ist, ist für mich (Luc. 9, 49. 50). Er kann sich auch, wie wir hörten, mitfreuen mit den Jüngern und in ihren Erfolgen den Anfang des Wirkens einer neuen Lebensmacht sehen; aber wo es darauf ankommt, diese und ähnliche von der Menge bestaunten Künste für sich zu beurtheilen, da findet er den moralischen Werth derselben nicht bloß gleich Null, sondern auch das Herr — Herr sagen, das dabei verwendet wird, also das ganze christliche Gerede drum herum als werthlos, das nichts helfe im strengen Gerichte Gottes. „Sie sind Uebelthäter, erklingt sein Wort, die er weit von sich weg haben will, wenn sie nicht in einem andern Gewande vor ihm erscheinen, in dem, den Willen Gottes gethan zu haben." Und was dieser Wille Gottes ist, das hat er nicht bloß in der Bergpredigt, in der auch dieses Wort über das Teufelaustreiben steht, zur Genüge gesagt, sondern in einem wahrhaft klassischen Worte noch am Schlusse seiner Wirksamkeit, im Gleichniß von der Wiederkunft Christi (Matth. 25, 31—46), es sind die echten Werke der Humanität und Menschenliebe.

Solchen großartigen Anschauungen gegenüber ist es für die Würdigung der Person Jesu höchst gleichgültig, ob er die Volksvorstellung von der Anstiftung gewisser Krankheiten durch Dämonen getheilt hat oder nicht. Er hat diese Vorstellungen nicht ersonnen, er fand sie vor unter seinen Zeitgenossen, in seiner Heimath; er ist unter ihnen aufgewachsen; sie kamen von außen an ihn heran, wie ähnlich die Vorstellungen seines Volkes über die Entstehung der Welt, über die Verfasser der heiligen Bücher des Alten Testamentes u. s. w. Er nahm sie in seinen Geist auf, ohne sie weiter nach ihrer Wahrheit und Richtigkeit zu prüfen und um sie gelegentlich wie die Bilder aus dem Naturleben, den Säemann, das Senfkorn, den Sauerteig oder wie die Königin von Saba, den Propheten Jonas als Lehrmittel zu verwenden.

In diesem pädagogischen Sinne kann man von einer gewissen Anbequemung reden, insofern er sie ruhig stehen ließ und zum Ausgangspunkt für höhere Ideen nahm.

Man muß sich nur hüten anzunehmen, wie das früher geschehen, Jesus sei vollständig erhaben über diese Volksvorstellungen gewesen, er habe in Wirklichkeit sie nicht getheilt und sei in freier

Weise auf den Wahn der Besessenen eingegangen, weil ohne dieses Verhalten eine Heilung unmöglich gewesen wäre. Diese Anschauung stellt sich nicht bloß in Widerspruch mit den klarsten Ueberlieferungen der Evangelien, sondern noch mehr mit der Geistesart Jesu. Diese trägt allenthalben den Charakter der Unmittelbarkeit, der Naivität und Kindlichkeit an sich, des durch keine theologischen Reflexionen angekränkelten Denkens und Schaffens.

Wie ein mächtiger Felsenquell, urkräftig und frisch, strömen seine Gedanken und Ideenverbindungen aus der Tiefe seines schöpferischen Geistes hervor, sein eigenes Geisteswerk und doch mühelos und ungesucht und eben deßhalb echte Gottesoffenbarung, welche die ganze Welt im Lichte des Gottesreiches betrachtet, das den Mittelpunkt seines Denkens bildet. Insofern ist er, gegenüber den Pharisäern und dem ganzen Satzungswesen der Zeit, der große Aufklärer, wie er sich selbst nennt (Joh. 8, 12) und wie die Welt ihn nimmer gesehen hat und sehen wird; aber er wirft nichts unnütz bei Seite, nichts, dem er eine sittliche Bedeutung abzugewinnen weiß. Und das eben gehört wieder zu der wunderbaren Art seines Geistes, daß er auch da noch Anknüpfungspunkte für sein Denken zu finden weiß, wo, wie beim Dieb in der Nacht, beim ungerechten Haushalter, die Idealwelt des Gottesreiches so ferne zu liegen scheint.

So verhält es sich auch mit diesen Vorstellungen der Zeit. Es ist sehr wahrscheinlich, daß Jesus an Besessenheit und die verwandten Vorstellungen glaubte; aber nirgends verweilt er bei diesen Vorstellungen, nirgends lehrt er etwas über sie, nirgends macht er sie zum Mittelpunkt seines Denkens, sondern wie sie an ihn herantreten, erhebt er sie, wie wir oben sahen, aus dem niedern Gebiet in das höhere, aus dem Aeußern in das Innere; er mißt sie an der Ideenwelt des Gottesreiches, prüft sie nach ihrem Werth für das innere höhere Leben und streift ihnen dabei, was gerade in eminenter Weise mit den Dämonenaustreibungen geschah, den Glorienschein ab, mit dem die Volksphantasie oder eine falsche Frömmigkeit sie umgab.

Zudem ist die Frage selbst nach der Ursache der mit dem Namen der Besessenheit bezeichneten Krankheit keine religiöse, sondern eine naturwissenschaftliche Frage, und wenn Jesus sich wirklich die Zeitanschauung darüber angeeignet hat, so würden wir auch von diesem Gesichtspunkte aus nicht moralisch verpflichtet sein ihm zu folgen; denn er will nicht in diesen äußern Dingen, sondern in den höchsten, das Seelenheil und das Reich Gottes betreffenden Fragen unser oberster Führer und Wegweiser sein*).

Eine eigenthümliche Stellung zu den Heilungen der Dämonisch-Kranken nimmt der vierte Evangelist ein. Wie bei den Aussätzigen erwähnt er diese Gattung von Wundern mit keiner Silbe. Man sucht das Schweigen des Johannes verschieden zu erklären. Ueberaus wenig scheint uns zur Lösung des Räthsels die Ansicht beizutragen: der vierte Evangelist habe die Heilungen der Dämonischen ausgelassen, weil sie in den drei ersten Evangelien sattsam vertreten seien. Allein auch die Krankenheilungen (Blinde, Gebrechliche) sind dort sattsam vertreten und Johannes hat unter seine sechs Wunderproben gerade die Hälfte von dieser Gattung aufgenommen (1, 4. 47 ꝛc.; 5, 1 ꝛc.; 9, 1 ꝛc.). Uns scheinen diese grob materialistischen und verwandten Wunder dem vierten Evangelisten nicht zu passen zu dem verklärten und idealen Christus, den er in seinem Evangelium schildern will. Es waren das ja Schauspiele, die von unlautern und marktschreierischen Menschen täglich aufgeführt wurden und wahrlich zur Verherrlichung Christi und zum Glauben an ihn wenig geeignet waren. Wenn man nun

---

*) Proben von grob materialistischer Auffassung der Besessenheit im Sinne des jüdischen Volksaberglaubens auch in der neuesten Zeit siehe bei Ernst Mühe (Biblische Merkwürdigkeiten, Neue Folge, Leipzig 1886, S. 56 ꝛc.). Darnach haben die Teufel Gewalt über die Menschen seit dem Sündenfall und nicht bloß Dämonen, sondern auch „unselige Menschengeister" nehmen vom Menschen Besitz. Das Fahren der Dämonen in die Schweine ist Mühe ein Beweis, daß es auch eine dämonische Besessenheit der Thiere gibt. — Ueber die Folgen der Behandlung der Epilepsie als dämonische Krankheit vergleiche Dr. Wildermuth: „Eine christliche Therapie der Epilepsie" im Mediz. Korrespondenzblatt des Württemberg. ärztl. Vereins 1889, Nr. 9 und 10, und Protestant. Kirchenzeitung Nr. 24 und 40 1889. Dazu das Warnwort von dem streng wundergläubigen Dr. Lemme, Professor in Bonn, gegen die Neigung gewisser Kreise im Rheinland, die Krankheiten als satanische Besessenheit anzusehen und die Heilung als Teufelsaustreibung zu behandeln in „die Macht des Gebetes", Barmen 1887, S. 33 ꝛc. Zahlreiche Proben von Besessenheit aus alter und neuer Zeit gibt Längin in „der Wunder- und Dämonenglaube der Gegenwart" und in „Religion und Hexenprozeß", Leipzig, O. Wigand, 1888.

auch zu weit geht, zu sagen*): der vierte Evangelist habe diese Heilungen vielleicht nicht geglaubt oder die ihnen zu Grunde liegenden Vorstellungen mißbilligt, so ist doch so viel sicher, daß er ihnen für den Einblick in die Persönlichkeit Jesu und die Erhabenheit seines Wesens keinen Werth beilegte; er handelte dabei ganz im Sinne seines großen Herrn und Meisters, der, wie wir oben darlegten, den sittlichen Werth und die Fähigkeit zum Gottesreich nach etwas anderm als nach dem Besitz solcher Künste beurtheilt. Eben deßhalb sind wir von der einfachen Thatsache der Auslassung dieser Wundergattung im vierten Evangelium aus, im vollen Recht, wenn auch wir, die Spätern, ihnen einen geringen religiösen Werth beilegen, und durch die den Krankheiten zu Grunde liegenden Volksvorstellungen in unserm christlichen Glauben uns nicht weiter stören und beunruhigen lassen.

e) Wichtiger ist die Frage nach der Stellung Jesu zu den eigentlichen Vorstellungen vom Satan und vom Teufel (diabolus), die damals von der niedern Gattung der Dämonen oder Plaggeister noch bestimmt unterschieden wurden.

Wir haben schon oben darauf aufmerksam gemacht, daß die Bilder von einem ewigen Feuer, vom Feuerofen oder Feuersee, vom Satan und seinen Engeln von ihm pädagogisch verwendet wurden; wie er ähnlich die uralte Vorstellung von den Engeln und Hütern, die um Gottes Thron stehen, in überaus sinniger Weise benützte. Er wollte damit sicher keine Lehre über diese Dinge aufstellen, wenn man auch sagen kann, daß diese Vorstellungen für ihn in seinem innern Schauen eine gewisse Realität hatten. Des Satans Engel sind dabei nicht die Dämonen im weitern Sinne, sondern nach dem Vorstellungskreise der Zeit, wie er uns im Buche Henoch begegnet ist, seine besondern Engel, d. h. die Boten und Handlanger Satans, denen für das Endgericht das ewige Feuer bestimmt ist, während sie bis dahin ihr Wesen unter den Menschen treiben.

Allein es läßt sich nicht leugnen, daß die Vorstellung vom Satan tiefer in sein Bewußtsein eingedrungen ist und einen gewissen Bestandtheil seines Denkens bildet. So kehrt sie denn immer wieder

---

*) Keim in Schenkel's Bibellexikon, Artikel Besessene.

in seinen Lehrvorträgen. Der Teufel ist es, der als Satan das Wort wegnimmt, bei denen die am Wege sind (Marc. 4, 15); er ist der Feind, der Unkraut unter den Weizen säet; er hat die Jünger und vornehmlich Petrus begehret, um ihn zu sichten wie Weizen, und Jesus hat für Petrus gebeten, daß sein Glaube nicht nachlasse (Luc. 22, 31. 32). Er ist es auch, der in den Judas Ischariot gefahren ist, um ihn zum Verrath anzutreiben (Luc. 22, 3). Ob auch im Vaterunser in der zweiten Hälfte der sechsten Bitte: „sondern erlöse uns von dem Uebel" die Vorstellung vom Teufel verborgen ist, ist zweifelhaft*).

Wenn man nun auch annimmt, daß bei Jesus hinter diesen Bezeichnungen die Vorstellung von einer Centralmacht des Bösen und einem Reiche des Satans ruht, so ist doch das Symbolische derselben nicht zu bestreiten und tritt eigentlich in den Vordergrund. Das zeigt schon der Wechsel der Namen. Allein dieser Wechsel geht in den Evangelien so weit, daß zum Beispiel beim Säemann im Gleichnisse die Vögel, in der Erklärung bei Matthäus der Arge, bei Marcus der Satan, bei Lucas der Teufel den Samen von den auf den Weg gesäeten wegnimmt. Satan, Teufel und der Arge sind hier Bezeichnungen für die dem Evangelium und dem Reich Gottes gegenüberstehenden feindlichen Gewalten. Bei dem Wort an Petrus und über Judas liegt das Symbolische noch klarer zu Tage; wer möchte bei Petrus an ein wirkliches persönliches Begehrtwerden vom Satan denken? und bei Judas an ein wirkliches Hineinfahren in ihn? Der Herr symbolisirt bei dem ersten die große Gefahr, die seinem innern Leben drohte und bei Judas bedeutet die Rede den Sieg des bösen Entschlusses. Zudem hat beim Verräther nur Lucas diese Bilderrede vom Satan; Matthäus und Marcus berichten einfach: „und er ging hin zu den Hohenpriestern, um Jesum zu verrathen" (Matth. 26, 14; Marc. 14, 10). Diese Stelle zeigt auch, wie solche Bilder gemeint sind und wie gerne sich die biblischen Schriftsteller

---

*) Nach dem Wortlaut kann übersetzt werden der Böse oder das Böse. So schon die Alten. Dafür, daß der Satan nicht unbedingt ausgeschlossen ist, spricht die erste Hälfte der Bitte: und führe uns nicht in Versuchung. Jedenfalls ist unter dem Bösen oder dem Argen alles verstanden, was das höhere Leben des Menschen bedroht. Die lutherische Uebersetzung geht weit über den Wortsinn hinaus.

derselben zur Veranschaulichung eines religiösen Gedankens bedienten.

Dies gilt noch mehr von einem andern Worte des Herrn an Petrus, das gleichmäßig Matthäus und Marcus berichten (Matth. 16, 23; Marc. 8, 33). Als Jesus zum ersten Mal von seinen Leiden geredet hatte, nahm ihn Petrus bei Seite, faßte ihn an und sprach: „Behüte dich Gott, Herr, das soll dir nicht widerfahren. Aber Jesus wandte sich um und sprach: Gehe hinter mich, Satan; du bist mir ein Aergerniß; denn du denkst nicht auf das, was Gottes, sondern auf das, was des Menschen ist". Sicherlich war die Rede des Petrus gut gemeint; aber Jesus schien solcher Rath gefährlich und ein Hinderniß für sein Erlösungswerk und so sieht er in Petrus einen Vertreter jener Macht, die ihm und seinem Reiche feindselig gegenüber steht. Der Name ist hier ein bloßes Symbol geworden.

Hier ist nun der Ort, wo die Versuchungsgeschichte einer nähern Erörterung bedarf.

Sie ist ihrem wesentlichen Inhalt nach geschichtlich und bezeichnet einen wichtigen Moment in der innern Entwicklungsgeschichte Jesu. Die drei ersten Evangelien erwähnen sie gleichmäßig, wenn auch das zweite in abgekürzter Form und stellen sie an den Anfang seines öffentlichen Auftretens und die apostolische Zeit preist als einen der Vorzüge Jesu: er mußte in allen Dingen seinen Brüdern gleich werden und ward versucht wie wir, doch ohne Sünde (Hebr. 2, 17. 18; 4, 15; Philipp. 2, 7. 8).

Freilich handelte es sich bei Jesus nicht um Versuchungen im gewöhnlichen Sinne des Wortes; sie gingen nicht aus etwaigen „argen Gedanken des Herzens" hervor (Matth. 15, 19. 20); von diesen war seine Seele in der Fülle ihrer religiös-sittlichen Kraft frei. Sie hingen vielmehr mit seiner Würde als Messias, als der verheißene König des Volkes zusammen. Und doch hätte jede einzelne der drei Versuchungen schon genügt, ihn aus der Erlöserlaufbahn herauszureißen und auf falsche Wege zu führen.

Jesus hat unzweifelhaft seinen Jüngern gelegentlich über diese innern Vorgänge in symbolischer Form Mittheilung gemacht, die dann freilich, wie schon Lucas in dem Zusatz „in einem Augenblick" (4, 5) zeigt, früh zu dichterischer Ausmalung und damit zu mißverständlicher, äußerlicher Auffassung Veranlassung gab.

Jesus zog sich nach der Taufe durch Johannes in die Einsamkeit zurück, um nachzudenken über seinen Beruf und sein Auftreten. In der That mußte Jesus, ehe er seine Wirksamkeit beginnen konnte, sich darüber klar sein, mit welchen Mitteln, auf welchem Wege und in welchem Sinne er sich dem Volke als der Verheißene Gottes offenbaren und das Volk für seine Würde und seine Thätigkeit gewinnen wolle.

Zunächst kam die Frage nach seiner Stellung zu den äußern Bedürfnissen des Lebens in Betracht. Der Messias sollte alle Zeit dem gottergebenen Beruf der Erlösung des Volkes zuwenden, um so mehr, da Jesus offenbar schon am Anfang ahnte, daß seine Thätigkeit nur eine kurze sein würde. Dieser Beruf legte ihm zugleich allerlei Entbehrungen auf. War denn das unbedingt nöthig? Wozu hatte er denn die außerordentlichen, in ihm wohnenden Kräfte? Sollte er sie nicht dazu gebrauchen, um alle Noth und Entbehrung fern zu halten? Das ist die erste Versuchung, die die Erzählung anknüpft an das mit der Einsamkeit verbundene Fasten, bei welchem die vierzig Tage als symbolische Zahl nicht gepreßt werden dürfen. Es waren scheinbar harmlose und vollberechtigte Gedanken, die aus dieser körperlichen Stimmung an ihn herantraten. Allein gerade in dieser scheinbar harmlosen Art lag die Gefahr für Jesus. Wenn er auf diese Forderung einging, mußte da nicht sein Geist theilweise von seiner einzigartigen, hohen Mission abgelenkt werden? War da nicht eine Theilung der Zeit und der Verwendung seiner Kräfte zu befürchten? War das mit der Größe seiner Aufgabe vereinbarlich? Jesus durchschaute das Gefährliche dieses Gedankens und weist die Zumuthung, sich mit seinen außerordentlichen Gaben und Kräften über die Noth des Lebens zu helfen, mit den Worten zurück: der Mensch lebt nicht allein vom Brod, sondern von einem jeglichen Wort, das durch den Mund Gottes geht, d. h. es gibt höhere und erhabenere Bedürfnisse des Menschenherzens als die äußern; und diese höheren zu stillen, die Menschheit mit himmlischem Brod zu sättigen, ist die Aufgabe, der meine ganze Kraft und Zeit gehören muß.

Die zweite Versuchung war noch verfänglicher. Es handelte sich hier für Jesus um die Frage, mit welchen Mitteln soll er, der Unbekannte, der im verachteten Nazareth aufgewachsen war, sich Anerkennung verschaffen und die Sympathien des Volkes für sich und seine Lehre gewinnen? Wie viel kam es insbesondere auf das erste Auftreten an? Wenn es ihm gelang, mit einer glänzenden That in der Nähe des Tempels vor aller Welt sich einzuführen, mußte ihm da nicht der Beifall und der Anschluß des Volkes gewiß sein? Zudem stand er einem wundersüchtigen Volke gegenüber, das noch obendrein der Meinung war, der Messias würde als solcher durch die überwältigendsten Thaten sich rasch Anerkennung verschaffen und sich als solcher ausweisen. Außerdem: durfte er nicht, im Anschluß an ein alttestamentliches Gotteswort, sich sagen, daß er als Messias, als der verheißene Gottes Sohn unter einem besondern Schutze Gottes stehe (Ps. 91, 11. 12), auch wenn er das Kühnste wage? Also auch hier wieder scheinbar durchaus natürliche, aus seiner messianischen Würde und den Vorstellungen des Volkes sich ergebende Folgerungen. Und doch hätten sie ihn auf eine falsche Bahn gedrängt; die Wundergabe wäre in den Vordergrund getreten; er hätte die Phantasie des Volkes mächtig erregt, aber nicht die Gewissen aufgerüttelt und erneuert. Jesus durchschaut das Gefährliche dieses Gedankengangs und schleudert die versucherischen Stimmen zurück mit dem Bibelwort: du sollst Gott deinen Herrn nicht versuchen (5. Mos. 6, 16), das heißt, du sollst nicht in schwärmerischem Hoffen den Schutz Gottes zu außerordentlicher Hilfe mißbrauchen, sondern auf dem naturgeordneten Gang dein Ziel erreichen wollen.

Und in der That sehen wir, daß Jesus in seiner Wirksamkeit der Wundergabe nur einen verhältnißmäßig kleinen Spielraum gönnt, die Wundersucht bekämpft und auf dem langsamen aber nachhaltigen Wege des Lehrens und Unterweisens und später des Duldens und Leidens sein Erlösungswerk vollbringt.

Die gefährlichste, weil die scheinbar berechtigtste, war die dritte Versuchung: der Konflikt mit den messianischen Vorstellungen des Volkes. Es läßt sich nicht in Abrede stellen, daß auch die reinsten Propheten, wie Jesaja und der große Prophet in der babylonischen Gefangenschaft (Jes. 40—66) mit der religiösen Erneuerung des Volkes die politische Machtentfaltung verbanden. Diese Vorstellungen wurden in den Zeiten nach dem Exil bis zur Schwärmerei ausgebildet; sie waren zur Zeit Christi gerade unter den Führern des

Volkes zu glühendem Haß geworden, der bald nach dem Tode Jesu in Flammen aufschlug. Jesus mußte irgend einmal mit den an ihn von außen herangetretenen Vorstellungen und Hoffnungen sich auseinandersetzen und sich die Frage vorlegen, ob er auch die politischen Hoffnungen, die Aussicht auf Weltherrschaft im buchstäblichen Sinne in sein Messiasbild und seinen Erlöserplan aufnehmen wolle? Diese Auseinandersetzung geschieht hier in der dritten Versuchung. Sein geistiges Auge sieht sich auf einen Berg versetzt und schaut die Reiche der Welt und ihre Herrlichkeit. War ihr Besitz nicht werth, ihnen seine Kraft zu widmen? War es nicht ein hohes Ziel, wenn er an die Spitze seines Volkes sich stellte und was dieses selbst in seinen Frommen im Lande hoffte, die Gewaltigen vom Stuhle stieß und die Niedrigen erhob (Luc. 1, 52. 54. 73). Und auf der andern Seite: wenn er diesen einen, so gewichtigen Theil aus den Messiashoffnungen ausschied, welch' ein Schicksal erwartete ihn dann? In der That, es waren verführerische Stimmen, die an ihn herantraten. Aber Jesus ließ sich durch die verlockende, auch noch so berechtigte Form dieser Bilder nicht blenden und je mehr er sie betrachtete, je gefährlicher erschienen sie ihm und endlich erkennt er sie in ihrem ganzen, seinem und seines Vaters Werk feindlichen Charakter und mit der ganzen Energie seines Geistes weist er die Truggestalten zurück mit dem Worte: „Satan, weiche von mir, denn es steht geschrieben, du sollst anbeten Gott, deinen Herrn und ihm allein dienen; d. h. Gottes Ehre allein zu suchen, der Erfüllung seines ewigen Gottes-Rathschlusses mich ganz zu weihen, ist mein Werk und alle Weltherrschafts-Hoffnung ist ein Widerspruch, ist satanische Feindschaft gegen diesen Gottesplan." Damit war auch diese Versuchung abgeschlagen; die Richtung seines Geistes auf das Ewige, immer und überall zu sein in dem, das seines Vaters ist, hatte den Sieg gewonnen und die weltliche Messiashoffnung war ein für alle Mal aus seinem Erlöserplane ausgeschlossen. Freilich hatte er damit sich in den Gegensatz mit den Hoffnungen seines Volkes gestellt und Verwerfung und Verurtheilung war sein Loos und Schicksal, das Jesus denn auch früh genug voraussah.

Schön und sinnig drückt der Evangelist diesen dreifachen Sieg Jesu und seine innere Erhebung und Stärkung in den Worten aus: da verließ ihn der Teufel und die Engel traten herzu und dieneten ihm (Matth. 4, 11)*).

Es gibt kaum ein zweites Blatt in der Bibel, an welches sich so abenteuerliche Vorstellungen und Meinungen angeschlossen haben, wie an diese so sinnige Erzählung von der Versuchung Jesu. Die Pressung des Buchstabens, die grob materialistische Auffassung der Erzählung als einer äußern, zwischen Satan und Christus verlaufenden Geschichte trieben so ziemlich jeden vernünftigen Gedanken aus derselben und setzten den tollsten Aberglauben an die Stelle.

Da sollte es von Anfang an nicht der in ihm wohnende gute Geist, also sein Geist, gewesen sein, der ihn antrieb, sich in die Einsamkeit zurückzuziehen, sondern schon der Teufel selbst, weil es zum Lebensgang des Messias gehöre, daß er von dem Teufel versucht werde. Da ist überall der leibhaftige Satan, der vor ihm steht und sich mit ihm in den Widerstreit des Gesprächs einläßt und sich ihm aufdrängt. Da ist es wieder der Teufel, der ihn so zu sagen beim Schopf nimmt und in einem Nu auf die Zinne des Tempels führt; und Jesus läßt sich das alles gefallen und vom

---

*) Ueber die Bedeutung der Versuchung für das Geistesleben Jesu führt Beyschlag (Leben Jesu II. 118) schön aus: "Wir sehen, es ist nicht eine überirdische Fertigkeit vollkommener Erkenntnisse, was ihn von andern Sterblichen eigenartig unterscheidet: — seine Erkenntnisse, selbst vom Reiche Gottes sind werdende, menschlich und geschichtlich überkommene, die sich ihm erst zu klären haben; er muß eine falsche Ansicht von der Begründung des Gottesreiches Schritt für Schritt prüfen, um sie vollständig zu durchschauen, und die Gesichtspunkte, mit denen er sie überwindet, sind nicht einer andern höhern Lösung entnommen, die er fertig zur Hand hätte, sondern von ganz allgemein religiös-sittlicher Art, wie jeder Sterbliche sie in seinen Lebensfragen anwenden kann und soll". — Ferner Längin: "Ueber die sittliche Entwicklung Jesu" (1866) S. 60: "Fragen wir, womit es denn geschah, daß Jesus diese feingesponnenen Netze der Hölle durchschaute .. so waren es wahrlich nicht äußere Erwägungen und Berechnungen, wie der Blick auf abschreckende Beispiele, etwa eines Judas der Galiläer, was ihn von allen politischen Plänen fernhielt, sondern es war sein religiös-sittliches Bewußtsein .. Dieser, in eminenter Weise in ihm vorhandene Sinn, das der göttlichen Ordnung Angemessene und sein Gegentheil, das Falsche und Verkehrte, selbst wenn es den Schein des Geheiligten um sich geworfen hatte, zu durchschauen, .. sein wunderbarer religiöser Genius, mit dem er gleich zum Eingang seiner Wirksamkeit diesen ersten, großen, entscheidenden Sieg über die Welt gefeiert hat."

Satan durch die Lüfte schleppen. Auf dieselbe Weise zieht ihn der Teufel mit sich fort auf einen sehr hohen Berg, von dem man die Reiche der Welt sehen konnte. Im Gefolge davon erhob sich nun die Frage, wo liegt dieser Berg, von dem man alle Reiche der Welt und ihre Herrlichkeit sehen konnte? Man rieth auf den Tabor, den Nebo, von dem Moses nach Canaan blickte, sogar auf den Sinai. Andere halfen sich damit, daß sie annahmen, der Teufel habe zauberisch auf die Augen Jesu eingewirkt und ihm eine Zauberwelt vorgeführt und da erst, als er in grob sinnlicher Weise von ihm eine förmliche Anbetung verlangte, habe ihn Jesus erkannt*).

Die Vorstellung, daß der Teufel Jesus durch die Luft entführte, hat schon Hieronymus. Im Hexenhammer wird diese Stelle verwendet, um den Hexenflug zu den nächtlichen Versammlungen glaubhaft zu machen. Die Versuchungsgeschichte Jesu zeige auch die große Macht des Teufels und daß man mit ihm einen förmlichen Bund schließen könne.

Noch heute ist diese graß-materialistische Auffassung der Versuchungsgeschichte üblich und gilt als besonders christlich. Man scheint dabei nicht einmal zu fühlen, welche unwürdige Rolle man Christus spielen läßt, zu welchem Scheinwesen, ohne Widerstandskraft, ohne Fleisch und Blut man den heiligen Gottessohn herabwürdigt! Wie durfte er sich gar wie eine Puppe vom Teufel durch die Luft schleppen lassen**)? Gerade das war das Wahrhaftige, das Gefährliche, daß die Versuchung eine innere geistige war, daß die versucherischen Gedanken eine gewisse Berechtigung hatten, daß sie zuerst in harmloserer Gestalt auftraten, in der zweiten Versuchung

---

*) Siehe die Zusammenstellung dieser Auffassungen bei P. Lange: Das Evangelium des Matthäus.

**) Eine solche graß-materialistische Auffassung siehe bei Ernst Mühe, Biblische Merkwürdigkeiten. Neue Folge (1886 S. 80) unter der Ueberschrift: „Einiges Merkwürdige über den Teufel und seinen Ueberwinder". Darnach hat der Teufel Jesus auf den „spitzen, 2600 Fuß hohen, für Menschen fast unersteiglichen Quarantania-Berg in der Wüste Jericho geführt. Und wie? Gewiß nicht wie ein Wandersmann zu Fuße. Nach dem griechischen Text faßte er ihn an und führte ihn im Fluge mit sich durch die Luft. Daß er als Engel solches thun konnte, leidet keinen Zweifel; daß er es aber thun durfte, darin sehen wir die anbetungswürdige Weisheit Gottes, die dem Teufel gestattete, an dem Heiland der Welt alle seine Macht zu erschöpfen."

sich steigerten, bis Jesus in der Forderung, das politische Messias-
ideal in seinen Plan aufzunehmen, die ganzen Widersprüche dieser
Ideen mit seiner göttlichen Sendung und seinem göttlichen Auftrage
erkannte und die Bilder mit der Kraft seines göttlichen Geistes
verscheuchte*).

Eine eigenthümliche Stellung nimmt auch hier das vierte
Evangelium ein. Während es von den beiden Vorgängen beim
Beginn der Wirksamkeit Jesu, die Taufe durch Johannes erwähnt,
übergeht es die Versuchung. Offenbar schien dieses menschliche
Hineingestelltsein Jesu in einen innern Kampf der idealen Höhe zu
widersprechen, in der er von Anfang an diesem Evangelisten erscheint, wie er in ähnlicher Weise auch die menschlich ergreifenden
Züge im Ringen in Gethsemane zurücktreten läßt. Die ganze Wirksamkeit Jesu ist nach Johannes eine Versuchung, ein Kampf mit
feindlichen Mächten, aber auch ein fortwährender Sieg über sie
und die Welt, der in der scheinbar tiefsten Erniedrigung am Kreuz
seine höchste Höhe erreicht.

---

*) Gegen die buchstäbliche Auslegung vortrefflich Beyschlag (Leben Jesu
I. 224): „Die Anstöße und Unmöglichkeiten der buchstäblich prosaischen Auffassung sind hier geradezu erdrückend. Wo erschiene jemals in der biblischen
Geschichte ein sichtbarer Teufel? Und wie käme Jesus in seine Gewalt, so
daß der Teufel ihn durch die Lüfte schleppen und auf die Zinne des Tempels
stellen könnte? Wo liegt der Berg, von dem man alle Reiche der Welt und
ihre Herrlichkeit übersehen kann? Noch mehr ... Steine in Brod verwandeln,
von der Zinne des Tempels springen, den Teufel anbeten, das wären über-
dies so abenteuerliche und plumpe Zumuthungen, daß man nicht begriffe, was
Versucherisches für den Gottessohn darin liegen könnte. Ueberhaupt, wenn
der sichtbare Teufel dem Gotteskinde Anträge macht, das ist keine Versuchung;
denn das Gotteskind weiß dann von vorn herein, daß es mit einem Betrüger
und Verderber zu thun hat und nur darüber müßte man sich wundern, daß
Jesus ihn so lange anhörte, anstatt ihm sogleich sein unwiderstehliches „Weiche
von mir!" zuzurufen". — Aehnlich E. Weiß (Leben Jesu I. 330 rc.): „Die
Behauptung, daß hier „Versucher und Versuchung wie nie zuvor unverhüllt
auftraten", muß die Versuchung völlig illusorisch machen, da nur den ver-
stockten Bösewicht das Böse als solches reizt, während alle Versuchung darauf
beruht, daß das Böse hinter dem Schein des Berechtigten sich verbirgt. —
Vor allem aber scheitert an der dritten Versuchung unrettbar die buchstäbliche
Fassung, denn die Zumuthung, vor dem leibhaftigen Teufel nieder zu fallen
und ihn anzubeten, würde jeder leidlich Fromme ohne Schwanken mit Abscheu
zurückweisen".

Im Uebrigen macht sich gerade dieser Standpunkt, der das Wirken Jesu unter den höchsten Gesichtspunkten auffaßt, in den geistigen Vorstellungen vom Satan geltend. Jesus muß sich wiederholt den Vorwurf gefallen lassen, du bist irrsinnig, du hast einen Dämon (7, 20). Allein immer gilt dieser Vorwurf seiner Lehre und der Art seines Auftretens. Die Satansidee selbst ist im vierten Evangelium fast gänzlich losgelöst von der Volksvorstellung und moralisch und innerlich gewendet. Die Hauptstelle ist Joh. 8, 44. Jesus straft den Hochmuth der Juden inbetreff der Abstammung von Abraham und führt aus: wenn ihr Abraham zum Vater hättet, so thätet ihr Abrahams Werke; und wenn Gott euer Vater wäre, so hättet ihr mich lieb, denn ich bin von Gott ausgegangen (39—41). Aber ihr habt einen andern Vater. Und dann fährt er fort: Ihr seid von dem Vater der Teufel, d. h. aus der Vaterschaft und dem Geschlecht des Teufels, und dessen Gelüste wollt ihr thun; der aber war ein Menschenmörder von Anfang und hat nicht in der Wahrheit seinen Stand genommen, denn es ist keine Wahrheit in ihm. Wenn er die Lüge redet, so redet er aus seinem Eigenen, denn er ist Lügner und Vater des Lügners (8, 44). Jesus folgt hier unzweifelhaft der traditionellen Vorstellung, daß der Teufel Eva verführt habe und zwar mit Hilfe von Lüge und Täuschung. Aber er gibt der Hinweisung gleich eine Wendung auf das Ethische und Innerliche, indem er daraus einen Schluß auf das Wesen des Satans zieht: es bestehe von Anfang an in Lüge, Trug und Täuschung; er habe nie innerhalb der Wahrheit Stellung genommen, sondern indem er lüge, offenbare er nur seine eigenste, innere Natur.

Zwei andere Stellen heben, noch deutlicher als das in den drei ersten Evangelien geschehen ist, den Gedanken hervor, daß mit dem Eintritt Christi in die Menschheit die Macht des Teufels gebrochen sei. —

Es ist zunächst die Stelle 12, 27—32. Jesus ist bei der Annäherung seines Leidens tief erschüttert und in dieser Stimmung betet er: Vater, hilf mir aus dieser Stunde, Vater, verherrliche deinen Namen! Laß auch diese tiefe Noth meiner Seele zu deines Namens Ehre ausgehen! Und eine Stimme verkündigt ihm, daß es so sei und in dem mächtigen Gefühl innerer Erhebung, das ihn durchströmte, ruft er: „Nun geht das Gericht über die Welt, nun wird der Fürst dieser Welt ausgestoßen werden." Jesus will sagen: die Stunde der Entscheidung ist gekommen; mit meinem Sieg über das Todesgefühl und mit dem vollen Entschluß ganz in Gottes Willen einzugehen, beginnt das Gericht über die Welt. Die Macht des Bösen ist in ihrem Mittelpunkt getroffen und muß weichen den neuen Lebensmächten, die in meinem Tod sich entfalten; und wenn gar meine Erhöhung und Verherrlichung durch Leiden, Tod und Auferstehung vollendet ist, dann soll keine Erdenmacht mir die, die mir innerlich angehören, entreißen; alle ziehe ich sie in meine Gemeinschaft. Einen ähnlichen Sinn hat die andere Stelle Joh. 16, 7—11. Die Stelle steht in den Abschiedsreden Jesu, die jedenfalls aus dem Geiste Christi geflossen sind. Da führt nun Jesus aus: „Es ist euch gut, daß ich hingehe, denn so ich nicht hingehe, so kommt der Beistand nicht zu euch; so ich aber hingehe, so will ich ihn euch senden. Und ist selbiger gekommen, so wird er die Welt überführen von der Sünde und von der Gerechtigkeit und vom Gericht. Von der Sünde, weil sie nicht glauben an mich, von der Gerechtigkeit, weil ich zum Vater gehe und vom Gericht, weil der Fürst dieser Welt gerichtet ist." Der Sinn dieser Stelle ist: der neue heilige Geist, der euch erfaßt, wenn ich weggegangen bin, der wird dieser mir so feindlichen Welt zeigen, wie unrecht sie thut, daß sie nicht an mich glaubt, und mich als einen Gottes- und Menschenfeind ans Kreuz schlägt. Dieser neue Geist wird der Welt zeigen, daß ich in der That der verheißene, gottgesandte Christus bin und daß meine Verurtheilung nicht ein Akt der Gerechtigkeit, sondern die schmählichste Verletzung göttlichen und menschlichen Rechts ist; er wird die Welt ferner überzeugen, daß die Kreuzigung nicht ein Gottesgericht über mich ist, sondern eine Verurtheilung jener gottfeindlichen Gesinnung, die mich ans Kreuz geschlagen hat. Und in der That ist es ja so geschehen. Der neue Geist hat die alte Weltanschauung über Christus, das Kreuz und den Kreuzestod umgekehrt und schaut in dem Tod Christi am Kreuz den höchsten Sieg und Triumph der in Christus wohnenden heiligen, göttlichen Mächte des Glaubens, der Liebe und des Lebens über Welt, Sünde, Haß und Finsterniß. —

Die Stelle zeigt auch, daß Jesus in der Bezeichnung Fürst der Welt es mit geistigen ethischen Mächten zu thun hat; zunächst meint er das einheitliche Zusammengehen des jüdischen Hasses und Fanatismus mit heidnischer Frivolität und Gleichgültigkeit; und dann überhaupt die weltliche, von den Dingen der Welt beeinflußte, gott- und christusfeindliche Gesinnung, die gleichfalls wieder als eine einheitliche, unter den verschiedensten Formen, Gestalten und Zeiten sich selbst gleiche und gleichbleibende Macht zu denken ist und die in der Verwerfung des Gottessohnes allen, die sehen wollen, offenbarte, weß Geistes Kind sie ist und dadurch ihr eigenes Gericht vorbereitete*).

Das Gericht ist also überall ein geistiges und moralisches und hat mit jenen abenteuerlichen spätjüdischen Vorstellungen vom Binden der gefallenen Engel mit Ketten des Hades nichts zu thun; wie zudem Jesus in andern Aussprüchen nach Johannes mit dieser ganzen äußerlichen Anschauung vom Endgericht sich in einem gewissen Widerspruch befindet (Joh. 3, 17. 19; 9, 39).

So treffen in den Höhepunkten, in der ethischen und symbolischen Auffassung der Satansidee, die sie Jesus in den Mund legen, die drei ersten Evangelien und Johannes zusammen, nur daß dieser das Symbolische noch reiner heraushebt und das Gericht und den Sieg Christi über den Fürsten der Welt noch mehr betont. Man darf auch noch weiter hinzufügen, daß dem streng symbolisch gemeinten Wort an Petrus, das sich in den ersten Evangelien findet, das verwandte im vierten zur Seite steht: Habe ich nicht euer Zwölfe erwählt? aber Einer von Euch ist ein Teufel (6, 70). — (Vergleiche auch 13, 27 „und nach dem Bissen fuhr der Satan in ihn" mit Luc. 22, 3.)

Dieselben Ideen wie im vierten Evangelium kehren wieder im ersten Brief des Johannes, der mit dem Evangelium denselben Verfasser hat. „Wer Sünde thut, der ist vom Teufel, denn der Teufel sündiget von Anfang. Dazu ist erschienen der Sohn Gottes, daß er die Werke des Teufels zerstöre. Wer aus Gott geboren

---

*) Die Bezeichnung „Fürst der Welt" hat mit der Bezeichnung des Satans als „Fürst der Luft" (Eph. 2, 2) nichts zu thun. Dieser Name gehört der spätjüdischen Theologie und Volksvorstellung an, woher ihn Paulus hat, daß die Dämonen in der Luft hausen. Jesu Bezeichnung ist durchaus ethisch und original.

ist, der thut nicht Sünde. Daran wird es offenbar, welche die Kinder Gottes und welche die Kinder des Teufels sind. Wer nicht recht thut, der ist nicht von Gott und wer nicht seinen Bruder lieb hat (1. Joh. 3, 7—10). So that Kain, der von dem Argen, d. h. dem Teufel war, und seinen Bruder erwürgte. Und warum erwürgete er ihn? Weil seine Werke, sein bisheriges Thun böse waren, d. h. aus böser (teuflischer) Gesinnung kamen, während die seines Bruders gerecht waren, aus frommer Gesinnung entsprangen. Damit hängt der weitere Gedankengang zusammen. Wer den Bruder nicht liebet, der bleibet im Tode und wer seinen Bruder hasset, der ist ein Menschenmörder und ein Menschenmörder hat nicht das ewige Leben bei ihm bleibend" (1. Joh. 3, 12—15).

Es spielen in diesen Ideenverbindungen die großen Gegensätze hindurch, unter denen der vierte Evangelist die Erscheinung und das Wirken Jesu auffaßt: Wahrheit und Lüge, Liebe und Haß, Leben und Tod, Gott und Welt, Kinder Gottes und Kinder des Teufels, zu denen noch Licht und Finsterniß hinzukommen und die zugleich allesammt die symbolische, rein ethische Bedeutung der Satansidee ins klarste Licht setzen. —

f) Es erübrigt noch, einen Blick auf die Engel- und Dämonenlehre des Apostels Paulus zu werfen. Wie er trotz seiner Bekehrung zum Christenthum in der Verwendung der allegorischen rabbinischen Schriftauslegung (1. Cor. 10, 1—4; Gal. 4, 22—31) ein Kind seiner Zeit ist, so steckt er, als Jünger der Pharisäer, in deren Schulen auf die Engellehre großer Werth gelegt wurde, tief in diesen Vorstellungen, so tief, daß bei einer Vergleichung mit Christus recht eigentlich die Keuschheit und Erhabenheit Jesu in der Verwendung und Behandlung der Engel- und Dämonenvorstellungen der Zeit zu Tage tritt*).

---

*) Ueber die paulinischen Vorstellungen von den Engeln und Dämonen vergleiche die Schrift von Otto Everling, die paulinische Angelologie und Dämonologie (Göttingen 1888) und besonders das Schlußwort: Solche Einzeluntersuchungen zwingen unausweichlich zu einem Geständniß, das als eine Art Fachgeheimniß längst gemacht ist, dessen offene, ehrliche Verbreitung in der Laienwelt manches suchende Gemüth, das sich von der Bibel und ihrem Reichthum durch eine hindernde Kluft leider getrennt fühlt, entlasten und aufathmen lassen würde; wir meinen zum Geständniß über die paulinische

Paulus weiß von den Rangstufen der Engel, wie sie in der Zeit unmittelbar vor Christus aufkamen (Röm. 8, 38). Er theilt die Vorstellung, die wir auch bei Stephanus finden (Apost. 7, 38. 53), daß Mose das Gesetz nicht direkt von Gott, sondern durch Vermittlung der Engel empfangen habe (Gal. 3, 19). Er ist überzeugt, daß die Engel seinen Kämpfen und Leiden zusehen (1. Cor. 4, 9), (ein Schauspiel der Welt und den Engeln).

In ähnlicher Weise spielt auch die Vorstellung vom Satan vielfach in sein Denken und Lehren herein. Er hofft, daß der Gott des Friedens den Satan in Kurzem unter der Christen Füße treten werde (Röm. 16, 20); er will den Ehebrecher in Corinth dem Satan übergeben sehen (1. Cor. 5, 5); er nennt ihn den Gott dieser Weltzeit (Aeon), der der Ungläubigen Sinne verblendet (2. Cor. 4, 4). Der Satan liebt es, sich in einen Engel des Lichtes zu verstellen (2. Cor. 11, 14); er hat den Namen Belial oder Beliar, der Gott der Nichtsnutzigkeit, das Gegenbild Christi, eine Bezeichnung, die erst ein Jahrhundert vor Christus, besonders im schon erwähnten Testament der zwölf Patriarchen und im Buch der Jubiläen üblich ist. Er hat auch die Vorstellung, daß die Götter der Heiden Dämonen seien und daß das, was die Heiden ihren Göttern opfern, sie den Dämonen opfern (1. Cor. 10, 20—21).

Die merkwürdigsten Stellen sind 1. Cor. 11, 3—15 und 2. Cor. 11, 2—3. Der Apostel redet in der ersten Stelle davon, daß der Mann, wenn er in der Versammlung der Christen bete oder lehre, das Haupt unbedeckt habe, denn sonst schände er sein Haupt. Umgekehrt soll das Weib nur mit bedecktem Haupte in der Versammlung beten und lehren; denn wenn sie unbedeckt erscheine, schände sie das Haupt; es sei ebenso viel als wäre sie beschoren. Auch nach der Schöpfungsordnung, nach der der Mann zuerst und nach Gottes Ebenbild, das Weib aber nachher und dem Manne zu Ehre geschaffen worden, müsse sie das Haupt bedeckt haben in der Versammlung. Und er fügt zu den bisherigen Gründen den weitern hinzu: darum soll das Weib eine Macht auf

---

Theologie nicht nur, sondern über die ganze Schrift, das einst der Apostel von sich selbst aussagte: wir haben diesen Schatz in irdenen Gefäßen (2. Cor. 4, 7).

dem Haupte haben „um der Engel willen". Die Stelle hat bis heute den Erklärern viel Kreuz und Sorge gemacht. Welchen Sinn hat der Zusatz um der Engel willen? Man hat gesagt, er sei später hineingekommen, aber dann müßte er die Erklärung der Stelle erleichtern, während er sie erschwert. Man hat auch gesagt, es seien menschliche Engel, die Vorsteher der Gemeinden darunter gemeint. Allein der Ausdruck ist zu gesichert und bezeichnet zu bestimmt eigentliche Engel und zwar Engel im gewöhnlichen Sinne, nicht böse Engel, auch nicht Engel in dem Sinne, als ob dieselben gleichsam die unsichtbaren Wächter der in dem christlichen Gemeindegottesdienst üblichen Ordnung seien und daß ihnen ein Weib mit unbedecktem Haupte mißfalle, sondern gerade umgekehrt. Das Weib soll sein Haupt bedeckt haben, damit es den Engeln, die sich der Apostel, wie wir oben sahen, als unsichtbare Zuschauer denkt, nicht allzu sehr gefalle und sie durch die Schönheit — man denke sich ein betendes Weib — reize. Darum soll das Weib eine Macht, d. h. eine Schutzmacht, den Schleier, auf dem Haupte haben, der ihre Reize den Engeln verberge.

Der Apostel schließt sich hier an eine Vorstellung an, die uns 1. Mos. 6, 1—5 und wiederholt begegnet ist: daß die Engel nicht unempfänglich sind für die Schönheiten der Erde, daß sie im Alten Testament und zur Zeit Christi überhaupt nicht so vollkommen und heilig gedacht wurden wie später*). Darnach hat es einen guten Sinn, wenn er für das Weib eine Macht auf dem Haupte verlangt, einerseits ein Zeichen der Abhängigkeit gegenüber dem Manne, aber auch eine Schutzmacht gegenüber den unsichtbar zuschauenden Engeln. An eine ähnliche Vorstellung schließt sich die andere Stelle 2. Cor. 11, 2—3 an. Paulus führt da aus, um seinen Eifer für die Gemeinde in Corinth zu illustriren: er habe die Gemeinde gleichsam Christo verlobt, um eine reine Jungfrau ihm darzustellen. Nun aber fürchte er, es möchten, wie die Schlange Eva verführte durch ihre List, so auch ihre Sinne hinweggeführt werden von der Lauterkeit gegen Christus. Es unter-

---

*) Vergleiche hierüber Eberling, die paulinische Angelologie S. 33 ꝛc.; Kling, die Corintherbriefe im Lange'schen Bibelwerk.

liegt für uns keinem Zweifel, daß dem Apostel hier die Zeit=
vorstellung vorschwebt, die Schlange, d. h. im Sinne der Theologie
des zweiten Jahrhunderts vor Christus, der Teufel habe Eva
sinnlich verführt, eine Vorstellung, die uns schon im Buche Henoch
begegnet ist und dann von den Rabbinen weiter gebildet wurde.
Auch der Stelle 1. Tim. 2, 14—15 dürfte diese Anschauung zu
Grunde liegen.

Beide Stellen zeigen auch, wie gegenwärtig diese Bilder dem
Denken des Paulus waren, da sie sich so leicht und unmittelbar
in seinen Vortrag verflochten; aber auch, wie wenig wir ihm in
solchen Beweisführungen folgen können und zu folgen brauchen.

Auf der andern Seite aber geht Paulus weit über diese Zeit=
vorstellungen hinaus, und es macht sich die neue Stellung, die er
zu Christus und dem Rathschluß und Versöhnungsplan Gottes in
Christo gewonnen hat, auch in dieser peripherischen Seite seiner
Vorstellungswelt in erfolgreicher Weise geltend. Diese veränderte
Anschauung bezieht sich nicht auf die damalige Ueberlieferung der
Vorgänge und des Charakters der Engel, sondern auf den Werth,
den er ihnen gegenüber Christus und seiner Erlösung erweist.

In dieser Beziehung ist schon 1. Cor. 8, 5—8 merkwürdig.
Er setzt dort den vielen Göttern und Herren, die im Himmel und
auf Erden seien, den „Einen Gott und Vater, von welchem alle
Dinge sind, und den Einen Herrn Jesum Christum, durch welchen
alle Dinge sind", gegenüber. Eben deßhalb sei es für den Christen
gleichgültig, ob er am Götzenopfer, d. h. an den Opferfesten der
heidnischen Freunde theilnehme oder nicht, und er nennt ein Gewissen,
das sich wegen dieser Theilnahme Sorge mache, ein ängstliches
Gewissen. Denn für den Christen existiren diese vielen Götter und
Herren, womit sicher auch die Engelwelt gemeint ist, nicht mehr;
für sie gelte nur der Eine Gott und Eine Herr Christus.

Es läßt sich nicht leugnen, daß durch diesen Ausspruch ein
Anflug von Ironie, dem Apostel vielleicht selbst nicht bewußt, hin=
durchgeht, um die Verächtlichkeit dieser Götter und Herren gegen=
über dem Einen machtvollen Gott und dem Einen Herrn Christus
anzudeuten. Eben deßhalb ist auch der Christ ihrem Einfluß und
Dienst entzogen, erhaben über denselben.

Derselbe Schluß läßt sich auch ziehen aus der merkwürdigen

Stelle Gal. 4, 1—10. Der Apostel führt hier aus, daß die alte Welt gleich Unmündigen unter den Pflegern und Vormündern stand und geknechtet war unter den „Elementen der Welt"; durch Christus aber seien wir Kinder geworden, und er ruft den Galatern zu: „ehe ihr Gott erkanntet, dientet ihr denen, die von Natur nicht Götter, d. h. im Sinne des Paulus, Dämonen sind, jetzt aber erkennet ihr Gott und seid von Gott als Angehörige seines Reiches erkannt; wie wendet ihr euch denn wieder um zu den schwachen und dürftigen Elementen, denen ihr von Neuem an dienen wollt? Ihr beobachtet genau Tage und Monate und Zeiten und Jahre; ich bin besorgt um euch, ich möchte vergebens für euch gearbeitet haben!" Es fragt sich, was ist unter dem Ausdruck Elemente der Welt zu verstehen? (Luther allzu frei und zu eng: äußerliche Satzungen.)

Es hat zunächst den Anschein, als ob Paulus nur die Juden vor Augen habe und unter den Elementen der Welt, wie einzelne Ausleger annehmen, die mosaischen Satzungen, das Gesetz (V. 4) verstanden wären, das der Apostel hier als eine Art Elementar- und Anfangsunterricht, als eine Vorstufe in der Religionswissenschaft bezeichne. Allein im Vers 9 redet er von Elementen, denen die Galater aufs neue dienen wollen, denen sie also bisher schon gedient haben müssen. Darnach scheinen uns die nicht Unrecht zu haben, welche annehmen, daß der Apostel die gesammte vorchristliche religiöse Entwicklung vor Augen habe, einschließlich des Heidenthums mit seinem Naturdienst und die er dann als einen verächtlichen Elementar- und Anfangsunterricht bezeichnet, materiell ein Abhängigsein von den Naturmächten, dem Kosmos.

Für unsern Zweck ist die engere oder die weitere Fassung in gewissem Sinne gleichgültig; nur fordert der merkwürdige Ausdruck „Elemente" mit dem Zusatz „der Welt" auch bei der Beschränkung auf das Judenthum unbedingt die Annahme, daß Paulus nicht bloß die alten mosaischen Satzungen, sondern das Judenthum seiner Zeit vor Augen hatte, das eben die Natur, den Kosmos, mit Geistern und höhern Mächten, mit Engeln und Dämonen erfüllt sich dachte. Wir sahen oben, wie er sich das Gesetz als durch Engel vermittelt vorstellte; aus 1. Cor. 15, 40. 41 darf man wohl schließen, daß er mit seiner Zeit die Sterne als beseelt, als eine Art

Engel und Geisterwesen betrachtete. Nur so hat der Ausdruck Elemente der Welt einen Sinn. Es ist also in demselben unbedingt die Engel- und Geisterlehre mit eingeschlossen; aber es ist auch aus der Stelle deutlich ersichtlich, daß er diese Lehre wie das ganze Gesetz als einen verächtlichen armseligen Anfangsunterricht (V. 9) betrachtet, der für Kinder und Unmündige passe, aber nicht mehr für die in Christo frei gewordene Menschheit.

Aber auch wenn man die Elemente der Welt, wie einige Erklärer wollen, auf die mosaischen Satzungen, das Gesetz im engern Sinne, beschränken wollte, so kommen wir zu demselben Ergebniß. Wahrlich, wenn die ursprünglichen, in vieler Beziehung gesunden Anschauungen und Festsetzungen des Mosaismus armselige und schwache Anfangsgründe genannt werden, über die die Christen weit erhaben seien, die die Christen nichts mehr angingen; wie vielmehr muß das gelten von den Anschauungen und Festsetzungen eines vom Heidenthum beeinflußten, später durch und durch entarteten Judenthums! Also auch hier der Schluß: die gesammte Engellehre geht die Christen nichts mehr an, ist kein Gegenstand des christlichen Glaubens*).

Ein weiteres Licht auf die Würdigung der Engeldarstellung im Sinne des Paulus wirft auch die Stelle 1. Cor. 6, 3. Der Apostel tadelt die Corinther, daß sie in Streitigkeiten um Mein und Dein sich an nichtchristliche Richter zur Entscheidung wandten, statt aus der eigenen Mitte heraus Jemandem zum Schiedsgericht zu berufen, und fährt dann fort: Wisset ihr nicht, daß wir über Engel richten werden, wie viel eher denn über gewöhnliche Dinge des Lebens? Dem Apostel schwebt die Vorstellung vor, daß der Menschensohn erscheint zum Gericht mit den Engeln und Auserwählten (Daniel 7, 22; Offenb. 2, 26. 27) als seinen Mithelfern, und daß diejenigen Engel oder Göttersöhne, die wegen ihrer Verbindung mit den Erdentöchtern verstoßen wurden, ihr Endurtheil empfangen.

Die Ausführungen des Apostels zeigen jedenfalls, wie hoch er von den Christen denkt, wie sie in gewissem Sinne erhaben sind über die Engel, insbesondere über die bösen Engel, denen sie einst

---

*) Vergleiche über unsern Gegenstand auch C. Holsten, Das Evangelium des Paulus (Berlin, Reimer) I. 1880, besonders S. 115. 169; ferner 309. 338. 472.

als Richter gegenüberstehen werden. Aus diesen Anschauungen heraus ist es erklärlich, wenn er Röm. 8, 38 ausruft: Ich bin gewiß, daß weder Tod noch Leben, weder Engel noch Mächte, noch Gewalten, noch irgend eine Creatur uns scheiden mag von der Liebe Gottes in Christo; die Liebe Christi ist stärker als die gesammte Engelwelt. Von diesem Standpunkt ist auch das scharfe Wort gegenüber den Verdächtigungen seines Evangeliums verständlich: Wenn ein Engel vom Himmel euch ein anderes Evangelium verkündigt, als wir euch verkündigt haben, der sei verflucht! (Gal. 1, 8.)

Auch das Wort von dem Reden in den Zungen der Engel (1. Cor. 13, 1), das ohne die Liebe, ohne die Widmung der höchsten Kräfte an die Zwecke des Gottesreiches und der Menschheit nichts werth sei, gehört hierher, entsprechend dem Christuswort, daß nur das Thun und Vollbringen des göttlichen Willens, das praktische Christenthum vor Gott Werth habe (Matth. 7, 21). — Dies sind die Anschauungen des Apostels in den vier größern Briefen. Heben wir nun noch einige Stellen aus den nach dem Apostel Paulus genannten kleinern Briefen heraus.

Es finden sich da ähnliche realistische Vorstellungen, wie sie uns wiederholt begegnet sind. Christus offenbart sich mit den Engeln seiner Macht in Feuerflammen, um der Christen Bedränger zu strafen (1. Thess. 3, 13; 2. Thess. 1, 7), voran der Erzengel (4, 16); da wird er auch mit dem Hauche seines Mundes den Antichrist vertilgen, der durch des Satans Kraft allerlei Wunder und Zeichen der Lüge vollbringt (2. Thess. 2, 9. 10). Er ist es auch, Satan und seine Geisterschaar, mit der die Christen zu kämpfen haben, die überall störend und hindernd eingreifen in das Werk des Herrn, diese Beherrscher der Finsterniß, diese Geister der Bosheit im Himmel, vor denen aber der Christ mit der Rüstung Gottes alles überwältigend bestehen kann (Eph. 6, 12. 13). Weil der Satan in den höhern Regionen wohnt, heißt er auch der Fürst der Luft (Eph. 2, 2), eine Bezeichnung, die von der mehr ethisch und symbolisch gemeinten, der Gott dieser Weltzeit (Aeon) und besonders dem Johanneischen Fürst dieser Welt (12, 31; 14, 30; 16, 11) wohl zu unterscheiden ist. Daneben erscheinen eine Anzahl rein ethisch gemeinter Ausdrücke, wie sie uns auch in den Hauptbriefen begegnet sind. Der Satan ist es, der Paulus wiederholt verhinderte die Thessalonicher zu besuchen (2, 18). Er ist der Versucher, der Arge (2. Thess. 3, 3). Hymnäus und Alexander, die den Glauben lästerten, hat er dem Satan übergeben (1. Tim. 1, 20). Die Christen haben zu wachen, daß sie nicht Raum geben dem Teufel (diabolos), d. h. Veranlassung zur Einwirkung auf ihr Inneres (Eph. 4, 27).

Die Bischöfe, d. h. die Gemeindevorsteher, haben zu sorgen, daß sie nicht in die Fallstricke des Teufels verfallen, oder aus Hochmuth, als Neulinge gar in sein Gericht (1. Tim. 3, 6), d. h. im Sinne der alten Vorstellung vom Teufel als Ankläger, ihm Grund und Veranlassung zur Anklage geben, ethisch gewendet, so viel als der Verdammniß anheim fallen. Auch die Wittwen, besonders die jungen, sollen wachen, daß sie dem Widersacher nicht Anlaß zur Schmähung geben, von denen leider gewisse sich vom Evangelium und seiner Zucht schon abgewandt hätten dem Satan nach (1. Tim. 5, 15).

Die merkwürdigsten Ausführungen über die Engel- und Geisterwelt enthält der Kolosserbrief. Da ist Christus der Erstgeborne der Schöpfung; in ihm ist alles geschaffen im Himmel und auf Erden, das Sichtbare und das Unsichtbare, seien es Throne oder Herrschaften oder Obrigkeiten, also die gesammte Engel- und Geisterwelt (1, 16). Er hat nach der Herrlichkeitsfülle, die Gott ihm gab, versöhnt, indem er Frieden stiftete durch sein Blut am Kreuz, alles was auf Erden und im Himmel ist (1, 19. 20). Er ist das Haupt aller Mächte und Gewalten (2, 10). Es sind hier zwei neue Vorstellungen: Christus ist erhaben über die Geister- und Engelwelt und seine Versöhnung, sein Friedenstiften erstreckt sich auch auf diese. Die erste Vorstellung kehrt wieder Eph. 1, 21 und Phil. 2, 9—11. Die andere in Eph. 3, 10: „auf daß nun die mannichfaltige Weisheit Gottes, das von Ewigkeit her in Gott verborgene Geheimniß seines Rathschlusses den Mächten und Gewalten im Himmel durch die Gemeinde kund würde". Merkwürdig ist der Zusatz durch die Gemeinde; allein er wird verständlich, wenn man sich nach der herrschenden Vorstellung die Engel als Zuschauer alles dessen denkt, was auf Erden geschieht (1. Cor. 4, 9; auch Luc. 15, 10). So erhalten sie durch das Werk der Gemeindestiftung Kunde von den großen Vorgängen der

Welterlösung. Daß auch die Engel der Versöhnung bedürfen, ist nach den Vorstellungen, die das Alte Testament von den Engeln hat und die uns auch oben bei der Besprechung der berühmten Stelle 1. Cor. 11, 10 begegneten, nicht auffallend. Eine andere Erklärung dafür, daß auch die Geisterwelt die Versöhnung durch Christum kennen lernt, gibt 1. Tim. 3, 16: „er erschien den Engeln". — Beide Vorstellungen, die der Erhebung Christi über die Engel- und Geisterwelt und Ausdehnung der Versöhnung auf diese zeigen, welche Rolle die Geisterwelt im Bewußtsein der damaligen Zeit spielte, wie sie eine Lieblingsweisheit der Zeit war und wie früh sich das Christenthum mit diesen Vorstellungen auseinandersetzen und sich vor der Ueberwucherung derselben und der Verdunklung der Person Christi durch sie schützen mußte.

Dafür ist auch der Hebräerbrief ein Zeugniß, der in seinen ersten Kapiteln eben den Zweck hat zu zeigen, daß Christus als das Ebenbild Gottes einen um so herrlicheren Namen habe als die Engel. Auch hier liegt die Vorstellung zu Grunde, daß die Engel nicht so vollkommene Wesen sind, als wie wir sie uns gewöhnlich denken.

Erhellt schon aus diesen ganzen Erörterungen, daß für die Christen Christus das höchste ist und die Engelwelt ihm gegenüber zurücktritt, so gibt diesem Gedanken noch einen schärfern Ausdruck Kolosser 2, 15—23.

Da wendet er sich zunächst gegen die falsche Weisheit und den eiteln Irrwahn, der auf Menschensatzungen sich gründe, der den Elementen der Welt entspräche und nicht, gemäß Christo, mit dem christlichen Standpunkt vereinbar sei (Vers 8); dann führt er aus: indem Christus ans Kreuz genagelt wurde, so wurde auch die wider uns zeugende Handschrift der Satzungen angenagelt, und sie ist nun ausgelöscht und aus dem Wege geräumet (14. 15); bei dieser Gelegenheit hat er auch die (feindlichen) Mächte und Gewalten entwaffnet, öffentlich zur Schau geführt und über sie triumphirt (15). Es sind hier die asketisch praktischen Irrthümer der Irrlehrer in Kolossä gemeint, welche Beschneidung, Speiseverbote und Kasteiungen für die Christen forderten; dann aber auch theoretische Irrthümer, Spekulationen über die Geisterwelt, die der

Apostel als Elemente bezeichnet, über die die Christen längst hinaus seien, die im Gegensatz zu Christus ständen.

Im Folgenden wendet er sich dann direkt gegen die Verehrung der Engel. Unter dem Scheine der Demuth lehre man über Dinge, die man nicht gesehen habe, um die man vergeblich sich abmühe; in Wirklichkeit aber werde man durch diese Spekulationen aufgeblähet im fleischlichen Sinne und vor allem abgelenkt von dem der das Haupt ist Christus, (V. 18. 19). Er erwähnt dann zum Schluß noch einmal, nachdem die Christen mit Christo der Welt abgestorben seien, sich von diesen Anfangsgründen der Welt nicht imponiren zu lassen; denn sie haben nur einen Schein von Weisheit, ihre Verehrung sei willkürlich, die Demuth sei nur Schein und die vermeintliche asketische Tugendübung diene nur zur Nahrung für einen fleischlichen Hochmuth (20—23). Der Kolosserbrief trifft hier zusammen mit der Stelle Gal. 4, 9, in welcher dieselben Engelspekulationen und dieselben Satzungen mit dem Namen kraftlose und dürftige Anfangsgründe bezeichnet sind. Besonders aber verdient aus dem Kolosserbrief der Gedanke betont zu werden, daß die satanischen Mächte durch Christus entwaffnet, an den Pranger gestellt und im Triumph aufgeführt sind (2, 15).

So tief also Paulus in den Vorstellungen seiner Zeit steckt, so hat er sich aufs schärfste mit ihnen auseinander gesetzt; er glaubt an das Vorhandensein von Engelmächten, von satanischen Gewalten, aber der Engeldienst ist ihm verächtlicher Anfangsdienst und geht den Christen nichts mehr an; die Satansmächte sind durch Christus überwunden; der Christ hat vor ihnen auf der Hut zu sein, aber die Liebe Christi ist stärker als sie.

Hierin trifft der Kolosserbrief, der in den großartigen Ausführungen gegenüber allem Gesetzes- und Cultuswesen sein Geistesgepräge trägt, mit den unbezweifelten Hauptbriefen zusammen. Vor allem aber ist in der Beurtheilung dieser Fragen die Grundanschauung seines Christenthums von Bedeutung, daß der Mensch gerecht werde ohne des Gesetzes Werke, allein durch den Glauben (Röm. 3, 28; Gal. 2, 16 u. s. w.). Damit ist allem vorchristlichen Satzungswesen der Krieg erklärt und die Gnade Gottes in Christo der alleinige Gegenstand des Glaubens, in dem der Mensch Frieden und Seligkeit findet.

Es verhält sich also mit Paulus ähnlich, wie mit seinem größten Schüler Dr. Martin Luther. Luther wurde die Volksvorstellungen von Gespenstern, Hexen, vom Rumoren und der Gewalt des Teufels, die er in seiner Jugend in der alten Kirche aufgelesen hatte, sein Leben lang nicht los; auch nicht als er der große Reformator geworden; in allen abweichenden Meinungen und gegnerischen Bestrebungen sieht er des Satans Werk; und doch haben sie auf seine reformatorischen Grundsätze, mit denen er der Christenheit eine neue Gestalt gab, auch nicht den geringsten Einfluß geübt. Obwohl er sie oft im Munde führt, kleben sie nur an der Oberfläche seines Denkens, und es fällt heute keinem Menschen mehr ein, mit dem Reformator Luther auch diesen seinen Antheil an dem Aberglauben der Zeit für verbindlich zu erklären, ein Wink für uns, auf welchem Wege wir uns auch gegenüber den verwandten Vorstellungen des Paulus und der neutestamentlichen Schriftsteller zurecht finden können und dürfen. —

Fassen wir nun unsere, wie uns dünkt, objektiven Darlegungen zusammen, so läßt sich ihr Ergebniß in folgende Sätze zusammendrängen.

Erstens. Das Alte Testament weiß nichts von einem Teufel, d. h. von einem von Anfang an gottfeindlichen, an der Spitze eines Reiches des Bösen stehenden gefallenen Engelwesen. Insbesondere findet sich bei den Propheten der Blüthezeit, einem Jesaja, Jeremia, Joel, Amos, Micha, diesen reinsten und erhabensten Trägern des alttestamentlichen Religions- und Gottesgedankens keine Andeutung von dem Vorhandensein eines gottwidrigen, satanischen Wesens. Auch in ihren gewaltigen Reden von der Sünde und den durch die Sünde herbeigeführten Gottesgerichten über das Volk deuten sie mit keiner Silbe an, daß die Sünde unter dem Einflusse und der Einwirkung einer überirdischen Macht in die Menschheit eingedrungen sei.

Zweitens. Auch der Satan des Buches Hiob (um 600 v. Chr.), selbst der des nachbabylonischen Sacharja (um 500 v. Chr.) hat nichts mit dem spätern jüdisch-christlichen oder dem kirchlich-dogmatisch-mittelalterlichen Teufel gemein. Er gehört, wie die Göttersöhne, zur Rathsversammlung des Himmels und hat nur als eine Art himmlischer Staatsanwalt die Funktion eines Anklägers, ein Amt, das er allerdings namentlich gegenüber den Frommen und Gerechten mit einem gewissen Behagen vollzieht; 150—200 Jahre später in der Chronika ist er dann zum Anstifter des Bösen geworden; in allen drei Stellen aber eine symbolisch-mythologische Persönlichkeit der Volksphantasie, die real und persönlich nimmt, was innerlich und ethisch gemeint war.

Drittens. Die Quelle der spätern Vorstellungen vom Teufel ist das zweite und erste Jahrhundert vor Christus, als allenthalben persische und griechische Ideen in das Judenthum eindrangen. Da wird im Buche der Weisheit die Paradieses-Schlange mit dem Teufel in Verbindung gebracht; da macht das Buch Henoch die Erzählung von der Verbindung der Göttersöhne mit den Erdentöchtern (1. Mos. 6, 1—5) zu einer Verschwörung und zu einem Abfall von Gott, um deretwillen die Engel aus dem Himmel verstoßen und mit Ketten der Finsterniß zum Endgericht bewahret werden. Zugleich wird die Welt durch diese Ehen der Göttersöhne mit unheilstiftenden Dämonen erfüllt. Auch Satan, der noch im Buche Henoch mit den verstoßenen Engeln nichts zu thun hat, ist im Bösen gewachsen. Er ist noch der alte Ankläger vor Gott, aber er sucht die Frommen und Gerechten zur Sünde zu verführen, um sie vor Gottes Richterthron schleppen zu können; mit einem Heer von Helfershelfern vollzieht er die ausgesprochenen Strafen und plagt und peinigt die Armen an einem bestimmten Strafort.

Viertens. In dieser Form drangen diese Vorstellungen auch in das Neue Testament ein. Es ist wahrscheinlich, daß Jesus einzelne dieser Vorstellungen theilte; aber wo sie an ihn herantraten, lenkt er den Sinn hinweg auf ein Höheres, Inneres und Sittliches So gegenüber den Dämonisch-Kranken und ihrer Heilung. Er schaut den Satan im Sinne der Volksvorstellung als eine reale Macht; aber in der praktischen Verwerthung gibt er der Idee eine symbolisch-ethische Wendung; der Satan ist ihm eine Personifikation aller seinem Reiche widerstrebenden und feindlichen Mächte, wie er sie in seiner Verwerfung und Verurtheilung in den verschiedensten Formen und Gestalten an sich erfahren hat. Vor allem aber ist durch seinen Eintritt in die Menschheit und die Fülle der mit ihm gekommenen göttlichen Lebensmächte, sowie durch seinen Kreuzestod die Macht des Satans gebrochen und das Gericht an ihm vollzogen.

Nirgends aber hat Jesus eine Lehre vom Satan aufgestellt oder eine Andeutung von einer Verbindlichkeit zur Annahme dieser Vorstellungen gegeben. Die Zugehörigkeit zum Gottesreich ist allenthalben und allein an die innere Zuwendung des Herzens und Geistes zu ihm, seiner Lehre, seinen Offenbarungen, seiner Person als des mit Gott geeinten und von Gott gesandten Erlösers und Heilandes geknüpft und Er und sein Gottesreich, das Werden, Wachsen und Vollenden derselben ist allein der Gegenstand des christlichen Glaubens.

Fünftens. Aehnlichen Anschauungen huldigt auch sein, sonst tief in den Zeitvorstellungen steckender größter Schüler Paulus; die satanischen Mächte regen sich allenthalben, aber sie sind in Christo überwunden; das ganze Engelwesen und die Spekulationen über sie gehören zu den armseligen Anfangsgründen der religiösen Entwicklung, über die der Christ weit erhaben ist. Die Macht der christusfeindlichen Gewalten ist gebrochen; Christus allein ist der wahre Inhalt des Glaubens und die persönliche Hingabe, das Vertrauen auf ihn und die in ihm sich offenbarende Liebe und Gnade Gottes macht den Menschen gerecht, nicht aber irgend ein Hängen an altväterischem Satzungswesen, zu dem auch die in der Zeit liegenden Theosophien über Engel und Dämonen zu rechnen sind. Die übrigen Schriften des Neuen Testamentes, wie der zweite Petrus- und der Judasbrief geben nur die grassen Volksvorstellungen wieder und auch das nicht in Form einer Lehre, sondern als gelegentliche Erwähnung; die Schilderung vom letzten Wüthen und endlichen Sturz des Satans in der Offenbarung ist wie diese ganze Schrift symbolisch zu verstehen, wenn auch immerhin der Verfasser in der Weise der Volksvorstellung sich diese Vorgänge als reale und äußere Geschichte gedacht haben mag.

Darnach liegt nach unserer Meinung für uns Christen und gar für uns protestantische Christen auch nicht die geringste moralische Verpflichtung vor, diese Vorstellungen über den Teufel und die Dämonen im Neuen Testament im buchstäblichen materialistischen Sinne anzunehmen oder gar sie für einen Bestandtheil des christlichen Glaubens zu halten. Sie sind Gebilde der mythologisirenden Volksphantasie und nur eine gänzliche Unbekanntschaft mit dem Werden und Wachsen dieser Vorstellungen und ihrem Eindringen in die Schriften des Neuen Testamentes, sowie unhaltbare, mit der ganzen Entstehungsgeschichte der Bibel sich in Widerspruch setzende Theorien über das Verhältniß von Bibel und Offenbarung können heute noch die ungeheuerliche Forderung an die Christenheit stellen, diese spätjüdischen Phantasien mit Haut und Haar als göttliche Wahrheit anzunehmen.

Wenn die großen Bußprediger des Alten Bundes, die Propheten, ohne einen leibhaftigen Teufel auskommen konnten, warum sollten es nicht vielmehr wir, die wir Christus, sein Evangelium, seine große Geschichte und die von ihm ausgehenden religiös-sittlichen Lebensmächte besitzen? Keinem heidnischen Götzen sind so viele Menschenleben, ist so viel menschliches Glück geopfert worden als dem Teufel in den Zeiten, als man ihn innerhalb der Christenheit für eine wirkliche Großmacht hielt, und keine Zeiten waren von Aberglauben, von Stumpfsinn und Bornirtheit, von Haß, Mißtrauen, Rachsucht und Schlechtigkeiten aller Art so erfüllt und die Familien- und gesellschaftlichen Verhältnisse von diesen Mächten so unterwühlt als jene, da der Glaube an einen leibhaftigen Teufel in allen Köpfen spukte und das Denken und Handeln der Menschen beeinflußte.

Die moralischen Teufel, d. h. die aus der Selbstsucht des Menschen und der Menschheit herauswachsenden gottfeindlichen Mächte, die die eigentliche reale Grundlage der Volksvorstellungen vom Teufel und seinem Reiche bilden, hören mit dem Hinfall dieser Vorstellungen nicht auf zu sein, sondern sie steigen leider immer neu aus diesem geheimnißvollen Schooße auf*).

Das Böse ist eine dämonische Macht; aber es ist dies nicht durch eine vermeintliche Abstammung von einem vorweltlichen, übermenschlichen Geisterwesen, sondern durch seine vieltausendjährige Geschichte, mit der es sich in der Menschheit eingelebt hat, durch

---

*) Das um 1569 zu Frankfurt a/M. erschienene Theatrum Diabolorum zählt folgende Spezies von Teufeln auf: der Fluchteufel, der Tanzteufel, der Gesindeteufel, der Jagdteufel, der Eheteufel, der Geiz- und Wucherteufel, der Hurenteufel, der Schröpf- d. h. Aussaugeteufel, der Faulteufel, der Hoffartsteufel, der Kleiderteufel, der Spielteufel, der Sauf- und Freßteufel, der Hofteufel, der Bann- und Zauberteufel (gegen Beschwören und Segensprechen), der Gelehrsamkeitsteufel; über jeden einzelnen Teufel wurde eine besondere Predigt gehalten. (Vergl. Längin, Religion und Hexenprozeß S. 217 ꝛc.)

seine ihm innewohnende Organisation, mit der es in tausend Formen und Gestalten und überall sich gleichbleibend und dieselben Zwecke verfolgend, Menschenleben und Menschenglück allenthalben verwüstet, sich dem Reiche des Guten entgegenwirft und die Welt- und Völkergeschichte in eine erschütternde Tragödie zu verwandeln sucht*).

Aber man wird diesen Mächten um so kräftiger beikommen können, je weniger man sich in Spekulationen über ihren überirdischen Ursprung verliert, je fester und klarer man ihrer Geistesart und ihren Zielen ins Auge sieht und ihnen die vorhandenen höhern sittlichen und geistigen Gewalten entgegenwirft.

So erwächst also durch die Wegräumung des Dämonen- und Teufelsglaubens der Religion und der Moral kein Verlust, sondern das Christenthum wird von einem Stück heidnisch-jüdischen Aberglaubens befreit, der das einfache, lichte Evangelium von der Gnade Gottes in Christo verdunkelt und Tausende an demselben irremacht. —

---

*) Otto Pfleiderer, Religionsphilosophie auf geschichtlicher Grundlage S. 445. „Wie die Engel die Welt nach ihrer Einheit mit Gott darstellen, so der Teufel die Welt nach ihrem Gegensatz zu Gott, nach ihrer Endlichkeitsseite oder nach dem Fürsichwirken des Besondern, das sich als Uebel — physischer oder weiterhin sittlicher Art — geltend macht." — J. P. Hebel (Werke, 1834, Bd. VII). „Wir Erdenkinder sind einer des andern Engel, einer des andern Teufel, mancher sein eigener." —